COLLECTION FOLIO

Jean Anouilh

Le voyageur sans bagage

SUIVI DE

Le bal des voleurs

La Table Ronde

Le voyageur sans bagage

PERSONNAGES

GASTON, *amnésique.*

GEORGES RENAUD, *son frère présumé.*

Mme RENAUD, *mère présumée de Gaston.*

VALENTINE RENAUD, *femme de Georges.*

LA DUCHESSE DUPONT-DUFORT, *dame patronnesse.*

Me HUSPAR, *avoué, chargé des intérêts de Gaston.*

LE PETIT GARÇON

Me PICWICK, *avocat du petit garçon.*

LE MAITRE D'HÔTEL
LE CHAUFFEUR
LE VALET DE CHAMBRE   } *domestiques de la famille Renaud*
LA CUISINIÈRE
JULIETTE

PREMIER TABLEAU

*Le salon d'une maison de province très cossue, avec une
large vue sur un jardin à la française. Au lever du rideau
la scène est vide, puis le maître d'hôtel introduit la duchesse
Dupont-Dufort, Me Huspar et Gaston.*

LE MAITRE D'HÔTEL

Qui dois-je annoncer, Madame?

LA DUCHESSE

La duchesse Dupont-Dufort, Me Huspar, avoué, et
Monsieur...

Elle hésite.

Monsieur Gaston.

A Huspar.

Nous sommes bien obligés de lui donner ce nom
jusqu'à nouvel ordre.

LE MAITRE D'HÔTEL, *qui a l'air au courant.*

Ah! Madame la duchesse voudra bien excuser Monsieur et Madame, mais Madame la duchesse n'était
attendue par Monsieur et Madame qu'au train de 11 h 50.
Je vais faire prévenir immédiatement Monsieur et
Madame de la venue de Madame la duchesse.

LA DUCHESSE, *le regardant s'éloigner.*

Parfait, ce maître d'hôtel!... Ah! mon petit Gaston, je suis follement heureuse. J'étais sûre que vous étiez le fils d'une excellente famille.

HUSPAR

Ne vous laissez pas emporter par l'enthousiasme. N'oubliez pas qu'en plus de ces Renaud nous avons encore cinq familles possibles.

LA DUCHESSE

Ah! non, maître... Quelque chose me dit que Gaston va reconnaître ces Renaud pour les siens; qu'il va retrouver dans cette maison l'atmosphère de son passé. Quelque chose me dit que c'est ici qu'il va retrouver sa mémoire. C'est un instinct de femme qui m'a rarement trompée.

HUSPAR *s'incline devant un tel argument.*

Alors...

Gaston s'est mis à regarder les tableaux sans s'occuper d'eux, comme un enfant en visite.

LA DUCHESSE, *l'interpellant.*

Eh bien, Gaston, vous êtes ému, j'espère?

GASTON

Pas trop.

LA DUCHESSE *soupire.*

Pas trop! Ah! mon ami, je me demande parfois si vous vous rendez compte de ce que votre cas a de poignant?

GASTON

Mais, Madame la duchesse...

LA DUCHESSE

Non, non, non. Rien de ce que vous pourrez me dire ne m'ôtera mon idée de la tête. Vous ne vous rendez pas compte. Allons, avouez que vous ne vous rendez pas compte.

Tableau I 13

GASTON

Peut-être pas très bien, Madame la duchesse.

LA DUCHESSE, *satisfaite.*

Ah! vous êtes tout au moins un charmant garçon et qui sait reconnaître ses erreurs. Cela, je ne cesse de le répéter. Mais il n'en demeure pas moins vrai que votre insouciance, votre désinvolture sont extrêmement blâmables. N'est-ce pas, Huspar?

HUSPAR

Mon Dieu, je...

LA DUCHESSE

Si, si. Il faut me soutenir, voyons, et lui faire comprendre qu'il doit être ému.

> *Gaston s'est remis à regarder les œuvres d'art.*

Gaston!

GASTON

Madame la duchesse?

LA DUCHESSE

Êtes-vous de pierre?

GASTON

De pierre?

LA DUCHESSE

Oui, avez-vous le cœur plus dur que le roc?

GASTON

Je... je ne le crois pas, Madame la duchesse.

LA DUCHESSE

Excellente réponse! Moi non plus, je ne le crois pas. Et pourtant, pour un observateur moins averti que nous, votre conduite laisserait croire que vous êtes un homme de marbre.

GASTON

Ah?

LA DUCHESSE

Gaston, vous ne comprenez peut-être pas la gravité de ce que je vous dis ? J'oublie parfois que je parle à un amnésique et qu'il y a des mots que vous avez pu ne pas réapprendre depuis dix-huit ans. Savez-vous ce que c'est que du marbre ?

GASTON

De la pierre.

LA DUCHESSE

C'est bien. Mais savez-vous encore quelle sorte de pierre ? La pierre la plus dure, Gaston. Vous m'entendez ?

GASTON

Oui.

LA DUCHESSE

Et cela ne vous fait rien que je compare votre cœur à la pierre la plus dure ?

GASTON, *gêné.*

Ben non...

Un temps.

Ça me ferait plutôt rigoler.

LA DUCHESSE

Avez-vous entendu, Huspar ?

HUSPAR, *pour arranger les choses.*

C'est un enfant.

LA DUCHESSE, *péremptoire.*

Il n'y a plus d'enfants : c'est un ingrat.

A Gaston.

Ainsi, vous êtes un des cas les plus troublants de la psychiatrie ; une des énigmes les plus angoissantes de la grande guerre — et, si je traduis bien votre grossier langage, cela vous fait rire ? Vous êtes, comme l'a dit très justement un journaliste de talent, le soldat inconnu

Tableau I   15

vivant — et cela vous fait rire ? Vous êtes donc incapable
de respect, Gaston ?

GASTON

Mais puisque c'est moi...

LA DUCHESSE

Il n'importe ! Au nom de ce que vous représentez,
vous devriez vous interdire de rire de vous-même. Et
j'ai l'air de dire une boutade, mais elle exprime le fond
de ma pensée : quand vous vous rencontrez dans une
glace, vous devriez vous tirer le chapeau, Gaston.

GASTON

Moi... à moi ?

LA DUCHESSE

Oui, vous à vous ! Nous le faisons bien tous, en son-
geant à ce que vous personnifiez. Qui vous croyez-vous
donc pour en être dispensé ?

GASTON

Personne, Madame la duchesse.

LA DUCHESSE

Mauvaise réponse ! Vous vous croyez quelqu'un de
très important. Le bruit que les journaux ont fait autour
de votre cas vous a tourné la tête, voilà tout.

Il veut parler.

Ne répliquez rien, vous me fâcheriez !

Il baisse la tête et retourne aux œuvres d'art.

Comment le trouvez-vous, Huspar ?

HUSPAR

Lui-même, indifférent.

LA DUCHESSE

Indifférent. C'est le mot. Je l'avais depuis huit jours
sur le bout de la langue et je ne pouvais pas le dire.
Indifférent ! c'est tout à fait cela. C'est pourtant son sort
qui se joue, que diable ! Ce n'est pas nous qui avons perdu

la mémoire, ce n'est pas nous qui recherchons notre
famille ? N'est-ce pas, Huspar ?

HUSPAR

Certainement non.

LA DUCHESSE

Alors ?

HUSPAR, *haussant les épaules, désabusé.*

Vous avez encore les illusions d'une foi neuve. Voilà
des années qu'il oppose cette inertie à toutes nos ten-
tatives.

LA DUCHESSE

Il est impardonnable en tout cas de ne pas reconnaître
le mal que mon neveu se donne pour lui. Si vous
saviez avec quel admirable dévouement il le soigne, quel
cœur il met à cette tâche ! J'espère qu'avant de partir
il vous a confié l'événement ?

HUSPAR

Le docteur Jibelin n'était pas à l'asile lorsque je suis
passé prendre les dossiers de Gaston. Je n'ai malheureusement pas pu l'attendre.

LA DUCHESSE

Que me dites-vous, Maître ? Vous n'avez pas vu mon
petit Albert avant votre départ ? Mais vous ne savez
donc pas la nouvelle ?

HUSPAR

Quelle nouvelle ?

LA DUCHESSE

Au dernier abcès de fixation qu'il lui a fait, il a réussi
le faire parler dans son délire. Oh ! il n'a pas dit grand-
chose. Il a dit : « Foutriquet. »

HUSPAR

Foutriquet ?

Tableau I   17

LA DUCHESSE

Foutriquet, oui. Vous me direz que c'est peu de chose, mais ce qu'il y a d'intéressant, c'est que c'est un mot, qu'éveillé, personne ne lui a jamais entendu prononcer, un mot que personne ne se rappelle avoir prononcé devant lui, un mot qui a donc toutes chances d'appartenir à son passé.

HUSPAR

Foutriquet ?

LA DUCHESSE

Foutriquet. C'est un très petit indice, certes, mais c'est déjà quelque chose. Son passé n'est plus un trou noir. Qui sait si ce foutriquet-là ne nous mettra pas sur la voie ?

Elle rêve.

Foutriquet... Le surnom d'un ami, peut-être. Un juron familier, que sais-je ? Nous avons au moins une petite base, maintenant.

HUSPAR, *rêveur.*

Foutriquet...

LA DUCHESSE *répète, ravie.*

Foutriquet. Quand Albert est venu m'annoncer ce résultat inespéré, il m'a crié en entrant : « Tante, mon malade a dit un mot de son passé : c'est un juron! » Je tremblais, mon cher. J'appréhendais une ordure. Un garçon qui a l'air si charmant, je serais désolée qu'il fût d'extraction basse. Cela serait bien la peine que mon petit Albert ait passé ses nuits — il en a maigri, le cher enfant — à l'interroger et à lui faire des abcès à la fesse, si le gaillard retrouve sa mémoire pour nous dire qu'avant la guerre il était ouvrier maçon! Mais quelque chose me dit le contraire. Je suis une romanesque, mon cher Maître. Quelque chose me dit que le malade de mon neveu était un homme extrêmement connu. J'aimerais un auteur dramatique. Un grand auteur dramatique.

HUSPAR

Un homme très connu, c'est peu probable. On l'aurait déjà reconnu.

LA DUCHESSE

Les photographies étaient toutes mauvaises... Et puis la guerre est une telle épreuve, n'est-ce pas ?

HUSPAR

Je ne me rappelle d'ailleurs pas avoir entendu dire qu'un auteur dramatique connu ait été porté disparu à l'ennemi pendant les hostilités. Ces gens-là notifient dans les magazines leurs moindres déplacements, à plus forte raison leur disparition.

LA DUCHESSE

Ah ! Maître, vous êtes cruel ! Vous détruisez un beau rêve. Mais c'est tout de même un homme de race, cela j'en suis sûre. Regardez l'allure qu'il a avec ce costume. Je l'ai fait habiller par le tailleur d'Albert.

HUSPAR, *mettant son lorgnon.*

Mais, en effet, je me disais : « Je ne reconnais pas le costume de l'asile... »

LA DUCHESSE

Vous ne pensez pas tout de même, mon cher, que puisque j'avais décidé de le loger au château et de promener moi-même dans les familles qui le réclament le malade de mon neveu, j'allais le supporter vêtu de pilou gris ?

HUSPAR

Ces confrontations à domicile sont une excellente idée.

LA DUCHESSE

N'est-ce pas ? Mon petit Albert l'a dit dès qu'il l'a pris en main. Ce qu'il faut pour qu'il retrouve son passé, c'est le replonger dans l'atmosphère même de ce passé. De là à décider de le conduire chez les quatre ou cinq familles qui ont donné les preuves les plus troublantes, il n'y avait qu'un pas. Mais Gaston n'est pas son unique

Tableau I   19

malade, il ne pouvait être question pour Albert de quitter l'asile pendant le temps des confrontations. Demander un crédit au ministère pour organiser un contrôle sérieux? Vous savez comme ces gens-là sont chiches. Alors, qu'auriez-vous fait à ma place? J'ai répondu : « Présent! » Comme en 1914.

HUSPAR

Admirable exemple!

LA DUCHESSE

Quand je pense que du temps du docteur Bonfant les familles venaient en vrac tous les lundis à l'asile, le voyaient quelques minutes chacune et s'en retournaient par le premier train!... Qui retrouverait ses père et mère dans de telles conditions, je vous le demande? Oh! non, non, le docteur Bonfant est mort, c'est bien, nous avons le devoir de nous taire, mais le moins qu'on pourrait dire, si le silence au-dessus d'une tombe n'était pas sacré, c'est qu'il était une mazette et un criminel.

HUSPAR

Oh! un criminel...

LA DUCHESSE

Ne me mettez pas hors de moi. Je voudrais qu'il ne fût pas mort pour lui jeter le mot à la face. Un criminel! C'est sa faute si ce malheureux se traîne depuis 1918 dans les asiles. Quand je pense qu'il l'a gardé à Pont-au-Bronc pendant près de quinze ans sans lui faire dire un mot de son passé et que mon petit Albert qui ne l'a que depuis trois mois lui a déjà fait dire « Foutriquet », je suis confondue! C'est un grand psychiatre, Maître, que mon petit Albert.

HUSPAR

Et un charmant jeune homme.

LA DUCHESSE

Le cher enfant! Avec lui, heureusement tout cela est en train de changer. Confrontations, expertises graphologiques, analyses chimiques, enquêtes policières, rien de ce qui est humainement possible ne sera épargné

pour que son malade retrouve les siens. Côté clinique
également, Albert est décidé à le traiter par les méthodes
les plus modernes. Songez qu'il a fait déjà dix-sept abcès
de fixation!

HUSPAR

Dix-sept!... Mais c'est énorme!

LA DUCHESSE, *ravie.*

C'est énorme! et extrêmement courageux de la part
de mon petit Albert. Car il faut bien le dire : c'est risqué.

HUSPAR

Mais Gaston?

LA DUCHESSE

De quoi pourrait-il se plaindre? Tout est pour son
bien. Il aura le derrière comme une écumoire sans doute,
mais il retrouvera son passé. Et notre passé, c'est le
meilleur de nous-mêmes! Quel homme de cœur hésite-
rait entre son passé et la peau de son derrière?

HUSPAR

La question ne se pose pas.

LA DUCHESSE, *avisant Gaston qui passe près d'elle.*

N'est-ce pas, Gaston, que vous êtes infiniment reconnaissant au docteur Jibelin de mettre — après tant
d'années perdues par le docteur Bonfant — tout en
œuvre pour vous rendre à votre passé?

GASTON

Très reconnaissant, Madame la duchesse.

LA DUCHESSE, *à Huspar.*

Je ne le lui fais pas dire.

A Gaston.

Ah! Gaston, mon ami, comme c'est émouvant, n'est-ce
pas, de se dire que derrière cette porte il y a peut-être
un cœur de mère qui bat, un vieux père qui se prépare
à vous tendre les bras!

Tableau I 21

GASTON, *comme un enfant.*

Vous savez, j'en ai tellement vu de vieilles bonnes
femmes qui se trompaient et m'embrassaient avec leur
nez humide; de vieillards en erreur qui me frottaient
à leur barbe... Imaginez un homme avec près de quatre
cents familles, Madame la duchesse. Quatre cents familles
acharnées à le chérir. C'est beaucoup.

LA DUCHESSE

Mais des petits enfants, des bambinos! Des bambinos
qui attendent leur papa. Oserez-vous dire que vous
n'avez pas envie de les embrasser ces mignons, de les
faire sauter sur vos genoux?

GASTON

Ce serait mal commode, Madame la duchesse. Les
plus jeunes doivent avoir une vingtaine d'années.

LA DUCHESSE

Ah! Huspar... Il éprouve le besoin de profaner les
choses les plus saintes!

GASTON, *soudain rêveur.*

Des enfants... J'en aurais en ce moment, des petits,
des vrais, si on m'avait laissé vivre.

LA DUCHESSE

Vous savez bien que c'était impossible!

GASTON

Pourquoi? Parce que je ne me rappelais rien avant
le soir de printemps 1918 où l'on m'a découvert dans
une gare de triage?

HUSPAR

Exactement, hélas!...

GASTON

Cela a fait peur aux gens sans doute qu'un homme
puisse vivre sans passé. Déjà les enfants trouvés sont
mal vus... Mais enfin on a eu le temps de leur inculquer
quelques petites notions. Mais un homme, un homme

fait, qui avait à peine de pays, pas de ville natale, pas de traditions, pas de nom... Foutre! Quel scandale!

LA DUCHESSE

Mon petit Gaston, tout nous prouve, en tout cas, que vous aviez besoin d'éducation. Je vous ai déjà interdit d'employer ce mot.

GASTON

Scandale?

LA DUCHESSE

Non...

Elle hésite.

L'autre.

GASTON, *qui continue son rêve.*

Pas de casier judiciaire non plus... Y pensez-vous, Madame la duchesse? Vous me confiez votre argenterie à table; au château ma chambre est à deux pas de la vôtre... Et si j'avais déjà tué trois hommes?

LA DUCHESSE

Vos yeux me disent que non.

GASTON

Vous avez de la chance qu'ils vous honorent de leurs confidences. Moi, je les regarde quelquefois jusqu'à m'étourdir pour y chercher un peu de tout ce qu'ils ont vu et qu'ils ne veulent pas rendre. Je n'y vois rien.

LA DUCHESSE, *souriant.*

Vous n'avez pourtant pas tué trois hommes, rassurez-vous. Il n'est pas besoin de connaître votre passé pour le savoir.

GASTON

On m'a trouvé devant un train de prisonniers venant d'Allemagne. Donc j'ai été au front. J'ai dû lancer, comme les autres, de ces choses qui sont si dures à recevoir sur nos pauvres peaux d'hommes qu'une épine de

Tableau I   23

rose fait saigner. Oh! je me connais, je suis un maladroit.
Mais à la guerre l'état-major comptait plutôt sur le
nombre des balles que sur l'adresse des combattants.
Espérons cependant que je n'ai pas atteint trois hommes...

LA DUCHESSE

Mais que me chantez-vous là? Je veux croire que
vous avez été un héros, au contraire. Je parlais d'hommes
tués dans le civil!

GASTON

Un héros, c'est vague aussi en temps de guerre. Le
médisant, l'avare, l'envieux, le lâche même étaient
condamnés par le règlement à être des héros côte à côte
et presque de la même façon.

LA DUCHESSE

Rassurez-vous. Quelque chose qui ne peut me tromper
me dit — à moi — que vous étiez un garçon très bien
élevé.

GASTON

C'est une maigre référence pour savoir si je n'ai rien
fait de mal! J'ai dû chasser... Les garçons bien élevés
chassent. Espérons aussi que j'étais un chasseur dont
tout le monde riait et que je n'ai pas atteint trois bêtes.

LA DUCHESSE

Ah! mon cher, il faut beaucoup d'amitié pour vous
écouter sans rire. Vos scrupules sont exagérés.

GASTON

J'étais si tranquille à l'asile... Je m'étais habitué à
moi, je me connaissais bien et voilà qu'il faut me quitter,
trouver un autre moi et l'endosser comme une vieille
veste. Me reconnaîtrai-je demain, moi qui ne bois que
de l'eau, dans le fils du lampiste à qui il ne fallait pas
moins de quatre litres de gros rouge par jour? Ou,
bien que je n'aie aucune patience dans le fils de la mer-
cière qui avait collectionné et classé par familles douze
cents sortes de boutons?

LA DUCHESSE

Si j'ai tenu à commencer par ces Renaud, c'est que ce sont des gens très bien.

GASTON

Cela veut dire qu'ils ont une belle maison, un beau maître d'hôtel, mais quel fils avaient-ils ?

LA DUCHESSE, *voyant entrer le maître d'hôtel.*

Nous allons le savoir à l'instant.

Elle l'arrête d'un geste.

Une minute, mon ami, avant d'introduire vos maîtres. Gaston, voulez-vous vous retirer un moment au jardin, nous vous ferons appeler.

GASTON

Bien, Madame la duchesse.

LA DUCHESSE, *le prenant à part.*

Et puis, dites-moi, ne m'appelez plus Madame la duchesse. C'était bon du temps où vous n'étiez que le malade de mon neveu.

GASTON

C'est entendu, Madame.

LA DUCHESSE

Allez. Et n'essayez pas de regarder par le trou de la serrure !

GASTON, *s'en allant.*

Je ne suis pas pressé. J'en ai déjà vu trois cent quatre-vingt-sept.

LA DUCHESSE, *le regardant sortir.*

Délicieux garçon. Ah ! Maître, quand je pense que le docteur Bonfant l'employait à bêcher les salades, je frémis !

Au maître d'hôtel.

Vous pouvez faire entrer vos maîtres, mon ami.

Tableau I 25

Elle prend le bras d'Huspar.

Je suis terriblement émue, mon cher. J'ai l'impression d'entreprendre une lutte sans merci contre la fatalité, contre la mort, contre toutes les forces obscures du monde... Je me suis vêtue de noir, j'ai pensé que c'était le plus indiqué.

Entrent les Renaud. De grands bourgeois de province.

Mme RENAUD, *sur le seuil.*

Vous voyez, je vous l'avais dit! Il n'est pas là.

HUSPAR

Nous lui avons simplement dit de s'éloigner un instant, Madame.

GEORGES

Permettez-moi de me présenter. Georges Renaud.

Présentant les deux dames qui l'accompagnent.
Ma mère et ma femme.

HUSPAR

Lucien Huspar. Je suis l'avoué chargé des intérêts matériels du malade. Madame la duchesse Dupont-Dufort, présidente des différentes œuvres d'assistance du Pont-au-Bronc, qui, en l'absence de son neveu, le docteur Jibelin, empêché de quitter l'asile, a bien voulu se charger d'accompagner le malade.

Saluts.

LA DUCHESSE

Oui, je me suis associée dans la mesure de mes faibles forces à l'œuvre de mon neveu. Il s'est donné à cette tâche avec tant de fougue, avec tant de foi!...

Mme RENAUD

Nous lui garderons une éternelle reconnaissance des soins qu'il a donnés à notre petit Jacques, Madame... Et ma plus grande joie eût été de le lui dire personnellement.

LA DUCHESSE

Je vous remercie, Madame.

Mme RENAUD

Mais je vous prie de m'excuser... Asseyez-vous. C'est une minute si émouvante...

LA DUCHESSE

Je vous comprends tellement, Madame!

Mme RENAUD

Songez, Madame, quelle peut être en effet notre impatience... Il y a plus de deux ans déjà que nous avons été à l'asile pour la première fois...

GEORGES

Et, malgré nos réclamations incessantes, il nous a fallu attendre jusqu'aujourd'hui pour obtenir cette seconde entrevue

HUSPAR

Les dossiers étaient en si grand nombre, Monsieur. Songez qu'il y a eu en France quatre cent mille disparus. Quatre cent mille familles, et bien peu qui acceptent de renoncer à l'espoir, croyez-moi.

Mme RENAUD

Mais deux ans, Monsieur!... Et encore si vous saviez dans quelles circonstances on nous l'a montré alors... Je pense que vous en êtes innocente, Madame, ainsi que Monsieur votre neveu, puisque ce n'est pas lui qui dirigeait l'asile à cette époque... Le malade est passé près de nous dans une bousculade, sans que nous puissions même l'approcher. Nous étions près de quarante ensemble.

LA DUCHESSE

Les confrontations du docteur Bonfant étaient de véritables scandales!

Mme RENAUD

Des scandales!... Oh! nous nous sommes obstinés...

Tableau I 27

Mon fils, rappelé par ses affaires, a dû repartir; mais nous sommes restées à l'hôtel avec ma belle-fille, dans l'espoir d'arriver à l'approcher. A force d'argent, un gardien nous a ménagé une entrevue de quelques minutes, malheureusement sans résultat. Une autre fois, ma belle-fille a pu prendre la place d'une lingère qui était tombée malade. Elle l'a vu tout un après-midi, mais sans rien pouvoir lui dire, n'ayant jamais eu l'occasion d'être seule avec lui.

LA DUCHESSE à *Valentine*.

Comme c'est romanesque! Mais si on vous avait démasquée? Vous savez coudre au moins?

VALENTINE

Oui, Madame.

LA DUCHESSE

Et vous n'avez jamais pu être seule avec lui?

VALENTINE

Non, Madame, jamais.

LA DUCHESSE

Ah! ce docteur Bonfant, ce docteur Bonfant est un grand coupable!

GEORGES

Ce que je ne m'explique pas, étant donné les preuves que nous vous avons apportées, c'est qu'on ait pu hésiter entre plusieurs familles.

HUSPAR

C'est extraordinaire, oui, mais songez qu'après nos derniers recoupements, qui furent extrêmement minutieux, il reste encore — avec vous — cinq familles dont les chances sont sensiblement égales.

Mme RENAUD

Cinq familles, Monsieur, mais ce n'est pas possible!...

HUSPAR

Si, Madame, hélas!...

LA DUCHESSE, *lisant dans son agenda.*

Les familles Brigaud, Bougran, Grigou, Legropâtre
et Madensale. Mais je dois vous dire tout de suite que
si j'ai voulu qu'on commence par vous, c'est que vous
avez toute ma sympathie.

Mme RENAUD

Je vous remercie, Madame.

LA DUCHESSE

Non, non, ne me remerciez pas. Je vous le dis comme
je le pense. Votre lettre m'a, dès l'abord, donné l'impression que vous étiez des gens charmants, impression que
notre rencontre confirme en tous points... Après vous,
d'ailleurs, Dieu sait dans quel monde nous allons tomber!
Il y a une crémière, un lampiste...

Mme RENAUD

Un lampiste?

LA DUCHESSE

Un lampiste, oui, Madame, un lampiste! Nous vivons
à une époque inouïe! Ces gens-là ont toutes les préten-
tions... Oh! mais, n'ayez crainte, moi vivante on ne
donnera pas Gaston à un lampiste!

HUSPAR, *à Georges.*

Oui, on avait annoncé que ces visites se feraient par
ordre d'inscription — ce qui était logique — mais,
comme vous auriez été ainsi les derniers, Madame la
duchesse Dupont-Dufort a voulu, un peu imprudemment, sans doute, passer outre et venir chez vous en
premier lieu.

Mme RENAUD

Pourquoi imprudemment? J'imagine que ceux qui
ont la charge du malade sont bien libres...

Tableau I   29

HUSPAR

Libres, oui, peut-être; mais vous ne pouvez pas savoir, Madame, quel déchaînement de passions — souvent intéressées, hélas! — il y a autour de Gaston. Sa pension de mutilé, qu'il n'a jamais pu toucher, le met à la tête d'une véritable petite fortune... Songez que les arrérages et intérêts composés de cette pension se montent aujourd'hui à plus de deux cent cinquante mille francs.

Mme RENAUD

Comment cette question d'argent peut-elle jouer dans une alternative aussi tragique?...

HUSPAR

Elle le peut, malheureusement, Madame. Permettez-moi, à ce propos, un mot sur la situation juridique du malade...

Mme RENAUD

Après, Monsieur, après, je vous en prie...

LA DUCHESSE

Maître Huspar a un code à la place du cœur! Mais comme il est très gentil...

Elle pince discrètement Huspar.

il va aller nous chercher Gaston tout de suite!

HUSPAR *n'essaie plus de lutter.*

Je m'incline, Mesdames. Je vous demande simplement de ne pas crier, de ne pas vous jeter à sa rencontre. Ces expériences qui se sont renouvelées tant de fois le mettent dans un état nerveux extrêmement pénible.

Il sort.

LA DUCHESSE

Vous devez avoir une immense hâte de le revoir, Madame.

Mme RENAUD

Une mère ne peut guère avoir un autre sentiment,
Madame.

LA DUCHESSE

Ah! je suis émue pour vous!...

A Valentine.

Vous avez également connu notre malade — ou enfin
celui que vous croyez être notre malade — Madame?

VALENTINE

Mais oui, Madame. Je vous ai dit que j'avais été à
l'asile.

LA DUCHESSE

C'est juste! Suis-je étourdie...

Mme RENAUD

Georges, mon fils aîné, a épousé Valentine toute jeune,
ces enfants étaient de vrais camarades. Ils s'aimaient
beaucoup, n'est-ce pas, Georges?

GEORGES, *froid.*

Beaucoup, mère.

LA DUCHESSE

L'épouse d'un frère, c'est presque une sœur, n'est-ce
pas, Madame?

VALENTINE, *drôlement.*

Certainement, Madame.

LA DUCHESSE

Vous devez être follement heureuse de le revoir.

*Valentine, gênée, regarde Georges qui répond pour
elle.*

GEORGES

Très heureuse. Comme une sœur.

Tableau I   31

LA DUCHESSE

Je suis une grande romanesque... J'avais rêvé —
vous le dirai-je? — qu'une femme qu'il aurait passionnément aimée serait là pour le reconnaître et échanger
avec lui un baiser d'amour, le premier au sortir de cette
tombe. Je vois que ce ne sera pas.

GEORGES, *net.*

Non, Madame. Ce ne sera pas.

LA DUCHESSE

Tant pis pour mon beau rêve!

Elle va à la baie.

Mais comme Maître Huspar est long!... Votre parc est
si grand et il est un peu myope : je gage qu'il s'est perdu.

VALENTINE, *bas à Georges.*

Pourquoi me regardez-vous ainsi? Vous n'allez pas
ressortir toutes vos vieilles histoires?

GEORGES, *grave.*

En vous pardonnant, j'ai tout effacé.

VALENTINE

Alors ne me jetez pas un coup d'œil à chaque phrase
de cette vieille toquée!

Mme RENAUD, *qui n'a pas entendu et qui ne sait vraisemblablement rien de cette histoire.*

Bonne petite Valentine. Regarde, Georges, elle est
tout émue... C'est bien de se souvenir comme cela de
notre petit Jacques, n'est-ce pas, Georges?

GEORGES

Oui, mère.

LA DUCHESSE

Ah! le voilà!

Huspar entre seu.

J'en étais sûre, vous ne l'avez pas trouvé!

HUSPAR

Si, mais je n'ai pas osé le déranger.

LA DUCHESSE

Qu'est-ce à dire? Que faisait-il?

HUSPAR

Il était en arrêt devant une statue.

VALENTINE *crie.*

Une Diane chasseresse avec un banc circulaire, au fond du parc?

HUSPAR

Oui. Tenez, on l'aperçoit d'ici.

> *Tout le monde regarde.*

GEORGES, *brusquement.*

Eh bien, qu'est-ce que cela prouve?

LA DUCHESSE, *à Huspar.*

C'est passionnant, mon cher!

VALENTINE, *doucement.*

Je ne sais pas. Je crois me rappeler qu'il aimait beaucoup cette statue, ce banc...

LA DUCHESSE, *à Huspar.*

Nous brûlons, mon cher, nous brûlons.

Mme RENAUD

Vous m'étonnez, ma petite Valentine. Ce coin du parc faisait partie de l'ancienne propriété de Monsieur Dubanton. Nous avions déjà acheté cette parcelle, c'est vrai, du temps de Jacques, mais nous n'avons abattu le mur qu'après la guerre.

VALENTINE, *se troublant.*

Je ne sais pas, vous devez avoir raison.

HUSPAR

Il avait l'air si drôle en arrêt devant cette statue que je n'ai pas osé le déranger avant de venir vous demander

Tableau I   33

si ce détail pouvait être significatif. Puisqu'il ne l'est pas, je vais le chercher.

Il sort.

GEORGES, *bas à Valentine.*

C'est sur ce banc que vous vous rencontriez?

VALENTINE

Je ne sais pas ce que vous voulez dire.

LA DUCHESSE

Madame, malgré votre légitime émotion, je vous conjure de rester impassible.

Mme RENAUD

Comptez sur moi, Madame.

Huspar entre avec Gaston. Mme Renaud murmure.

Ah! c'est bien lui, c'est bien lui...

LA DUCHESSE, *allant à Gaston dans un grand geste théâtral et lui cachant les autres.*

Gaston, essayez de ne rien penser, laissez-vous aller sans chercher, sans faire d'efforts. Regardez bien tous les visages...

Silence, ils sont tous immobiles. Gaston passe d'abord devant Georges, le regarde, puis Mme Renaud. Devant Valentine, il s'arrête une seconde. Elle murmure imperceptiblement.

VALENTINE

Mon chéri...

Il la regarde, surpris, mais il passe et se retourne vers la duchesse, gentiment, écartant les bras dans un geste d'impuissance.

GASTON, *poli.*

Je suis navré...

LE RIDEAU TOMBE

DEUXIÈME TABLEAU

*Une porte Louis XV aux deux battants fermés devant
laquelle sont réunis, chuchotants, les domestiques des Renaud.
La cuisinière est accroupie et regarde par le trou de la serrure ;
les autres sont groupés autour d'elle.*

LA CUISINIÈRE, *aux autres.*

Attendez, attendez... Ils sont tous à le regarder comme
une bête curieuse. Le pauvre garçon ne sait plus où se
mettre...

LE CHAUFFEUR

Fais voir...

LA CUISINIÈRE

Attends! Il s'est levé d'un coup. Il en a renversé sa
tasse. Il a l'air d'en avoir assez de leurs questions...
Voilà Monsieur Georges qui le prend à part dans la
fenêtre. Il le tient par le bras, gentiment, comme si rien
ne s'était passé...

LE CHAUFFEUR

Eh ben!...

JULIETTE

Ah! si vous l'aviez entendu, Monsieur Georges, quand
il a découvert leurs lettres après la guerre!... Il a pour-

Tableau II   35

tant l'air doux comme un mouton. Eh bien, je peux vous assurer que ça bardait!

LE VALET DE CHAMBRE

Tu veux que je te dise : il avait raison, cet homme.

JULIETTE, *furieuse.*

Comment! il avait raison? Est-ce qu'on cherche des pouilles aux morts? C'est propre, toi, tu crois, de chercher des pouilles aux morts?

LE VALET DE CHAMBRE

Les morts n'avaient qu'à pas commencer à nous faire cocus!

JULIETTE

Ah! toi, depuis qu'on est mariés, tu n'as que ce mot-là à la bouche! C'est pas les morts qui vous font cocus. Ils en seraient bien empêchés, les pauvres : c'est les vivants. Et les morts, ils n'ont rien à voir avec les histoires des vivants.

LE VALET DE CHAMBRE

Tiens! ça serait trop commode. Tu fais un cocu et, hop! ni vu ni connu, j't'embrouille. Il suffit d'être mort.

JULIETTE

Eh ben! quoi, c'est quelque chose, d'être mort!

LE VALET DE CHAMBRE

Et d'être cocu, donc!...

JULIETTE

Oh! tu en parles trop, ça finira par t'arriver.

LA CUISINIÈRE, *poussée par le chauffeur.*

Attends, attends. Ils vont tous au fond maintenant. Ils lui montrent des photographies...

Cédant sa place.

Bah! avec les serrures d'autrefois on y voyait, mais avec ces serrures modernes... c'est bien simple : on se tire les yeux.

LE CHAUFFEUR, *penché à son tour.*

C'est lui! C'est lui! Je reconnais sa sale gueule à ce petit salaud-là!

JULIETTE

Dis donc, pourquoi tu dis ça, toi? Ferme-la toi-même, ta sale gueule!

LE VALET DE CHAMBRE

Et pourquoi tu le défends, toi? Tu ne peux pas faire comme les autres?

JULIETTE

Moi, je l'aimais bien, Monsieur Jacques. Qu'est-ce que tu peux en dire, toi? tu ne l'as pas connu. Moi, je l'aimais bien.

LE VALET DE CHAMBRE

Et puis après? C'était ton patron. Tu lui cirais ses chaussures.

JULIETTE

Et puis je l'aimais bien, quoi! Ça a rien à voir.

LE VALET DE CHAMBRE

Ouais! comme son frère... une belle vache!

LE CHAUFFEUR, *cédant la place à Juliette.*

Pire, mon vieux, pire! Ah! ce qu'il a pu me faire poireauter jusqu'à des quatre heures du matin devant des bistrots... Et au petit jour, quand tu étais gelé, ça sortait de là congestionné, reniflant le vin à trois mètres, et ça venait vomir sur les coussins de la voiture... Ah! le salaud!

LA CUISINIÈRE

Tu peux le dire... Combien de fois je me suis mis les mains dedans, moi qui te parle! Et ça avait dix-huit ans.

LE CHAUFFEUR

Et pour étrennes des engueulades!

Tableau II   37

LA CUISINIÈRE

Et des brutalités! Tu te souviens, à cette époque, il y avait un petit gâte-sauce aux cuisines. Chaque fois qu'il le voyait, le malheureux, c'était pour lui frotter les oreilles ou le botter.

LE CHAUFFEUR

Et sans motif! Un vrai petit salaud, voilà ce que c'était. Et, quand on a appris qu'il s'était fait casser la gueule en 1918, on n'est pas plus méchants que les autres, mais on a dit que c'était bien fait.

LE MAITRE D'HÔTEL

Allons, allons, maintenant, il faut s'en aller.

LE CHAUFFEUR

Mais enfin, quoi!... Vous n'êtes pas de notre avis, vous, Monsieur Jules?

LE MAITRE D'HÔTEL

Je pourrais en dire plus que vous, allez!... J'ai écouté leurs scènes à table. J'étais même là quand il a levé la main sur Madame.

LA CUISINIÈRE

Sur sa mère!... A dix-huit ans!...

LE MAITRE D'HÔTEL

Et les petites histoires avec Madame Valentine, je les connais, je puis dire, dans leurs détails...

LE CHAUFFEUR

Ben, permettez-moi de vous dire que vous êtes bien bon d'avoir fermé les yeux, Monsieur Jules...

LE MAITRE D'HÔTEL

Les histoires des maîtres sont les histoires des maîtres...

LE CHAUFFEUR

Oui, mais avec un petit coco pareil... Fais voir un peu que je le regarde encore.

JULIETTE, *cédant sa place.*

Ah! c'est lui, c'est lui, j'en suis sûre... Monsieur Jacques! C'était un beau gars, tu sais, à cette époque. Un vrai beau gars. Et distingué!

LE VALET DE CHAMBRE

Laisse donc, il y en a d'autres, des beaux gars, et des plus jeunes!

JULIETTE

C'est vrai. Vingt ans bientôt. C'est quelque chose. Tu crois qu'il me trouvera très changée?

LE VALET DE CHAMBRE

Qu'est-ce que ça peut te faire?

JULIETTE

Ben, rien...

LE VALET DE CHAMBRE, *après réflexion,*
tandis que les autres domestiques
font des mines derrière son dos.

Dis donc, toi... Pourquoi que tu soupires depuis que tu sais qu'il va peut-être revenir?

JULIETTE

Moi? pour rien.

Les autres rigolent.

LE VALET DE CHAMBRE

Pourquoi que tu t'arranges dans la glace et que tu demandes si t'as changé?

JULIETTE

Moi?

LE VALET DE CHAMBRE

Quel âge t'avais quand il est parti à la guerre?

JULIETTE

Quinze ans.

Tableau II   39

LE VALET DE CHAMBRE

Le facteur, c'était ton premier?

JULIETTE

Puisque je t'ai même dit qu'il m'avait bâillonnée et fait prendre des somnifères...

Les autres rigolent.

LE VALET DE CHAMBRE

Tu es sûre que c'était ton vrai premier?

JULIETTE

Tiens! cette question. C'est des choses qu'une fille se rappelle. Même qu'il avait pris le temps de poser sa boîte, cette brute-là, et que toutes ses lettres étaient tombées dans la cuisine...

LE CHAUFFEUR, *toujours à la serrure.*

La Valentine, elle ne le quitte pas des yeux... Je vous parie bien que, s'il reste ici, le père Georges se paie une seconde paire de cornes avec son propre frangin!

LE MAITRE D'HÔTEL, *prenant sa place.*

C'est dégoûtant.

LE CHAUFFEUR

Si c'est comme ça qu'il les aime, M'sieur Jules...

Ils rigolent.

LE VALET DE CHAMBRE

Ils me font rigoler avec leur « mnésie », moi! Tu penses que si ce gars-là, c'était sa famille, il les aurait reconnus depuis ce matin. Y a pas de « mnésie » qui tienne.

LA CUISINIÈRE

Pas sûr, mon petit, pas sûr. Moi qui te parle, il y a des fois où je suis incapable de me rappeler si j'ai déjà salé mes sauces.

LE VALET DE CHAMBRE

Mais... une famille!

LA CUISINIÈRE

Oh! pour ce qu'il s'y intéressait, à sa famille, ce petit vadrouilleur-là...

LE MAITRE D'HÔTEL, *à la serrure.*

Mais pour être lui, c'est lui! J'y parierais ma tête.

LA CUISINIÈRE

Mais puisqu'ils disent qu'il y a cinq autres familles qui ont les mêmes preuves!

LE CHAUFFEUR

Vous voulez que je vous dise le fin mot de l'histoire, moi? C'est pas à souhaiter pour nous ni pour personne que ce petit salaud-là, il soit pas mort!...

LA CUISINIÈRE

Ah! non, alors.

JULIETTE

Je voudrais vous y voir, moi, à être morts...

LE MAITRE D'HÔTEL

Ça, bien sûr, ça n'est pas à souhaiter, même pour lui, allez! Parce que les vies commencées comme ça ne se terminent jamais bien.

LE CHAUFFEUR

Et puis, s'il s'est mis à aimer la vie tranquille et sans complications dans son asile. Qu'est-ce qu'il a à apprendre, le frère!... L'histoire avec le fils Grandchamp, l'histoire Valentine, l'histoire des cinq cent mille balles et toutes celles que nous ne connaissons pas...

LE MAITRE D'HÔTEL

Ça, bien sûr. J'aime mieux être à ma place qu'à la sienne.

Tableau II 41

LE VALET DE CHAMBRE, *qui regarde par la serrure.*

Attention, les voilà qui se lèvent! Ils vont sortir par la porte du couloir.

Les domestiques s'égaillent.

JULIETTE, *en sortant.*

Monsieur Jacques, tout de même...

LE VALET DE CHAMBRE, *la suivant, méfiant.*

Ben quoi? Monsieur Jacques?

JULIETTE

Ben, rien.

Ils sont sortis.

LE RIDEAU TOMBE

TROISIÈME TABLEAU

La chambre de Jacques Renaud et les longs couloirs som-
bres de la vieille maison bourgeoise qui y aboutissent. D'un
côté un vestibule dallé où vient se terminer un large esca-
lier de pierre à la rampe de fer forgé. Mme Renaud, Georges
et Gaston apparaissent par l'escalier et traversent le vestibule.

Mme RENAUD

Pardon, je vous précède. Alors, ici, tu vois, c'est le
couloir que tu prenais pour aller à ta chambre.

Elle ouvre la porte.

Et voici ta chambre.

Ils sont entrés tous les trois dans la chambre.

Oh! quelle négligence! J'avais pourtant demandé
qu'on ouvre ces persiennes...

Elle les ouvre ; la chambre est inondée de lumière ; elle
est de pur style 1910.

GASTON, *regardant autour de lui.*

Ma chambre...

Mme RENAUD

Tu avais voulu qu'elle soit décorée selon tes plans.
Tu avais des goûts tellement modernes!

Tableau III   43

GASTON

J'ai l'air d'avoir aimé d'un amour exclusif les volubilis et les renoncules.

GEORGES

Oh! tu étais très audacieux, déjà!

GASTON

C'est ce que je vois.

Il avise un meuble ridicule.

Qu'est-ce que c'est que cela ? Un arbre sous la tempête ?

GEORGES

Non, c'est un pupitre à musique.

GASTON

J'étais musicien ?

Mme RENAUD

Nous aurions voulu te faire apprendre le violon, mais tu n'as jamais accepté. Tu entrais dans des rages folles quand on voulait te contraindre à étudier. Tu crevais tes instruments à coups de pied. Il n'y a que ce pupitre qui a résisté.

GASTON *sourit.*

Il a eu tort.

Il va à un portrait.

C'est lui ?

Mme RENAUD

Oui, c'est toi, à douze ans.

GASTON

Je me voyais blond et timide.

GEORGES

Tu étais châtain très foncé. Tu jouais au football toute la journée, tu cassais tout.

Mme RENAUD, *lui montrant une grosse malle.*

Tiens, regarde ce que j'ai fait descendre du grenier...

GASTON

Qu'est-ce que c'est? ma vieille malle? Mais vous allez finir par me faire croire que j'ai vécu sous la Restauration...

Mme RENAUD

Mais non, sot. C'est la malle de l'oncle Gustave et ce sont tes jouets.

GASTON *ouvre la malle.*

Mes jouets!... J'ai eu des jouets, moi aussi? C'est pourtant vrai, je ne savais plus que j'avais eu des jouets...

Mme RENAUD

Tiens, ta fronde.

GASTON

Une fronde... Et cela n'a pas l'air d'une fronde pour rire...

Mme RENAUD

En tuais-tu, des oiseaux, avec cela, mon Dieu! Tu étais un vrai monstre... Et tu sais, tu ne te contentais pas des oiseaux du jardin... J'avais une volière avec des oiseaux de prix; une fois, tu es entré dedans et tu les as tous abattus!

GASTON

Les oiseaux? Des petits oiseaux?

Mme RENAUD

Oui, oui.

GASTON

Quel âge avais-je?

Mme RENAUD

Sept ans, neuf ans peut-être...

Tableau III   45

GASTON *secoue la tête.*

Ce n'est pas moi.

Mᵐᵉ RENAUD

Mais si, mais si...

GASTON

Non. A sept ans, j'allais dans le jardin avec des mies
de pain, au contraire, et j'appelais les moineaux pour
qu'ils viennent picorer dans ma main.

GEORGES

Les malheureux, mais tu leur aurais tordu le cou!

Mᵐᵉ RENAUD

Et le chien auquel il a cassé la patte avec une pierre?

GEORGES

Et la souris qu'il promenait au bout d'une ficelle?

Mᵐᵉ RENAUD

Et les écureuils, plus tard, les belettes, les putois.
En as-tu tué, mon Dieu, de ces petites bêtes! tu faisais
empailler les plus belles; il y en a toute une collection
là-haut, il faudra que je te les fasse descendre.

Elle fouille dans la malle.

Voilà tes couteaux, tes premières carabines...

GASTON, *fouillant aussi.*

Il n'y a pas de polichinelles, d'arche de Noé?

Mᵐᵉ RENAUD

Tout petit, tu n'as plus voulu que des jouets scien-
tifiques. Voilà tes gyroscopes, tes éprouvettes, tes électro-
aimants, tes cornues, ta grue mécanique.

GEORGES

Nous voulions faire de toi un brillant ingénieur.

GASTON *pouffe.*

De moi?

Mme RENAUD

Mais, ce qui te plaisait le plus, c'étaient tes livres de géographie! Tu étais d'ailleurs toujours premier en géographie...

GEORGES

A dix ans, tu récitais tes départements à l'envers!

GASTON

A l'envers... Il est vrai que j'ai perdu la mémoire... J'ai pourtant essayé de les réapprendre à l'asile. Eh bien, même à l'endroit... Laissons cette malle à surprises. Je crois qu'elle ne nous apprendra rien. Je ne me vois pas du tout comme cela, enfant.

> *Il a fermé la malle, il erre dans la pièce, touche les objets, s'assoit dans les fauteuils. Il demande soudain.*

Il avait un ami, ce petit garçon? Un autre garçon qui ne le quittait pas et avec lequel il échangeait ses problèmes et ses timbres-poste?

Mme RENAUD, *volubile.*

Mais naturellement, naturellement. Tu avais beaucoup de camarades. Tu penses, avec le collège et le patronage!...

GASTON

Oui, mais... pas les camarades. Un ami... Vous voyez, avant de vous demander quelles femmes ont été les miennes...

Mme RENAUD, *choquée.*

Oh! tu étais si jeune, Jacques, quand tu es parti!

GASTON *sourit.*

Je vous le demanderai quand même... Mais, avant de vous demander cela, il me paraît beaucoup plus urgent de vous demander quel ami a été le mien.

Mme RENAUD

Eh bien, mais tu pourras voir leurs photographies

Tableau III 47

à tous sur les groupes du collège. Après, il y a eu ceux avec lesquels tu sortais le soir...

GASTON

Mais celui avec lequel je préférais sortir, celui à qui je racontais tout?

Mme RENAUD

Tu ne préférais personne, tu sais.

> *Elle a parlé vite, après un coup d'œil furtif à Georges. Gaston la regarde.*

GASTON

Votre fils n'avait donc pas d'ami? C'est dommage. Je veux dire, c'est dommage si nous découvrons que c'est moi. Je crois qu'on ne peut rien trouver de plus consolant, quand on est devenu un homme, qu'un reflet de son enfance dans les yeux d'un ancien petit garçon. C'est dommage. Je vous avouerai même que c'est de cet ami imaginaire que j'espérais recevoir la mémoire — comme un service tout naturel.

GEORGES, *après une hésitation.*

Oh! c'est-à-dire... un ami, si, tu en as eu un et que tu aimais beaucoup. Tu l'as même gardé jusqu'à dix-sept ans... Nous ne t'en reparlions pas parce que c'est une histoire si pénible...

GASTON

Il est mort?

GEORGES

Non, non. Il n'est pas mort, mais vous vous êtes quittés, vous vous êtes fâchés... définitivement.

GASTON

Définitivement, à dix-sept ans!

> *Un temps.*

Et vous avez su le motif de cette brouille?

GEORGES

Vaguement, vaguement...

GASTON

Et ni votre frère ni ce garçon n'ont cherché à se revoir
depuis?

Mme RENAUD

Tu oublies qu'il y a eu la guerre. Et puis, tu sais...
Voilà. Vous vous étiez disputés pour une chose futile,
vous vous étiez même battus, comme des garçons de
cet âge... Et sans le vouloir, sans doute, tu as eu un
geste brutal.. un geste malheureux surtout. Tu l'as
poussé du haut d'un escalier. En tombant, il a été atteint
à la colonne vertébrale. On a dû le garder dans le plâtre
très longtemps et depuis il est resté infirme. Tu comprends maintenant comme il aurait été difficile, pénible,
même pour toi, d'essayer de le revoir.

GASTON, *après un temps.*

Je comprends. Et où cela s'est-il passé, cette dispute,
au collège, dans sa maison?

Mme RENAUD, *vite.*

Non, ici. Mais ne parlons plus d'une chose aussi
affreuse, une de celles qu'il vaut mieux ne pas te rappeler,
Jacques.

GASTON

Si j'en retrouve une, il faut que je les retrouve toutes,
vous le savez bien. Un passé ne se vend pas au détail.
Où est-il, cet escalier, je voudrais le voir?

Mme RENAUD

Là, près de ta chambre, Jacques. Mais à quoi bon?

GASTON, *à Georges.*

Vous voulez me conduire?

GEORGES

Si tu veux, mais je ne vois vraiment pas pourquoi
tu veux revoir cette place...

Ils ont été jusqu'au vestibule.

Tableau III 49

Mme RENAUD

Eh bien, c'est là.

GEORGES

C'est là.

GASTON *regarde autour de lui,*
se penche sur la rampe.

Où nous battions-nous?

GEORGES

Tu sais, nous ne l'avons pas su exactement. C'est une domestique qui a raconté la scène...

GASTON

Ce n'est pas une scène courante... J'imagine qu'elle a dû la raconter avec beaucoup de détails. Où nous battions-nous? Ce palier est si large...

Mme RENAUD

Vous deviez vous battre tout au bord. Il a fait un faux pas. Qui sait, tu ne l'as peut-être même pas poussé.

GASTON, *se retournant vers elle.*

Alors, si ce n'était qu'un incident de cette sorte, pourquoi n'ai-je pas été lui tenir compagnie chaque jour dans sa chambre? Perdre avec lui, pour qu'il ne sente pas trop l'injustice, tous mes jeudis sans courir au soleil?

GEORGES

Tu sais, chacun a donné son interprétation... La malignité publique s'en est mêlée...

GASTON

Quelle domestique nous avait vus?

Mme RENAUD

As-tu besoin de savoir ce détail! D'abord, cette fille n'est plus à la maison.

GASTON

Il y en a sûrement d'autres à l'office qui étaient là à ~ette époque. Je les interrogerai.

Mme RENAUD

J'espère que tu ne vas pas aller ajouter foi à des commérages de cuisine. Ils t'en diront de belles, bien sûr, les domestiques, si tu les interroges. Tu sais ce que c'est que ces gens-là...

GASTON, *se retournant vers Georges.*

Monsieur, je suis sûr que vous devez me comprendre, vous. Je n'ai rien reconnu encore chez vous. Ce que vous m'avez appris sur l'enfance de votre frère me semble aussi loin que possible de ce que je crois être mon tempérament. Mais — peut-être est-ce la fatigue, peut-être est-ce autre chose — pour la première fois un certain trouble me prend en écoutant des gens me parler de leur enfant.

Mme RENAUD

Ah! mon petit Jacques, je savais bien...

GASTON

Il ne faut pas s'attendrir, m'appeler prématurément mon petit Jacques. Nous sommes là pour enquêter comme des policiers — avec une rigueur et, si possible, une insensibilité de policiers. Cette prise de contact avec un être qui m'est complètement étranger et que je serai peut-être obligé dans un instant d'accepter comme une partie de moi-même, ces bizarres fiançailles avec un fantôme, c'est une chose déjà suffisamment pénible sans que je sois obligé de me débattre en outre contre vous. Je vais accepter toutes les épreuves, écouter toutes les histoires, mais quelque chose me dit qu'avant tout je dois savoir la vérité sur cette dispute. La vérité, si cruelle qu'elle soit.

Mme RENAUD *commence, hésitante.*

Eh bien, voilà : pour une bêtise de jeunes gens, vous avez échangé des coups... Tu sais comme on est vif à cet âge...

Tableau III   51

GASTON *l'arrête.*

Non, pas vous. Cette domestique est encore ici, n'est-ce pas, vous avez menti tout à l'heure?

GEORGES, *soudain, après un silence.*

Oui, elle est encore à la maison.

GASTON

Appelez-la, s'il vous plaît, Monsieur. Pourquoi hésiter davantage, puisque vous savez bien que je la retrouverai et que je l'interrogerai un jour ou l'autre?

GEORGES

C'est si bête, si affreusement bête.

GASTON

Je ne suis pas là pour apprendre quelque chose d'agréable. Et puis, si ce détail était celui qui peut me rendre ma mémoire, vous n'avez pas le droit de me le cacher.

GEORGES

Puisque tu le veux, je l'appelle.

Il sonne.

Mme RENAUD

Mais tu trembles, Jacques. Tu ne vas pas être malade, au moins?

GASTON

Je tremble?

Mme RENAUD

Tu sens peut-être quelque chose qui s'éclaire en ce moment en toi?

GASTON

Non. Rien que la nuit, la nuit la plus obscure.

Mme RENAUD

Mais pourquoi trembles-tu alors?

GASTON

C'est bête. Mais, entre des milliers de souvenirs possibles, c'est justement le souvenir d'un ami que j'appelais avec le plus de tendresse. J'ai tout échafaudé sur le souvenir de cet ami imaginaire. Nos promenades passionnées, les livres que nous avions découverts ensemble, une jeune fille qu'il avait aimée en même temps que moi et que je lui avais sacrifiée, et même — vous allez rire — que je lui avais sauvé la vie un jour en barque. Alors, n'est-ce pas, si je suis votre fils, il va falloir que je m'habitue à une vérité tellement loin de mon rêve...

Juliette est entrée.

JULIETTE

Madame a sonné ?

Mme RENAUD

Monsieur Jacques voudrait vous parler, Juliette.

JULIETTE

A moi ?

GEORGES

Oui, Il voudrait vous interroger sur ce malheureux accident de Marcel Grandchamp dont vous avez été témoin.

Mme RENAUD

Vous savez la vérité, ma fille. Vous savez aussi que si Monsieur Jacques était violent, il ne pouvait avoir une pensée criminelle.

GASTON *la coupe encore.*

Ne lui dites rien, s'il vous plaît. Où étiez-vous, Mademoiselle, quand l'accident s'est produit ?

JULIETTE

Sur le palier, avec ces Messieurs, Monsieur Jacques.

GASTON

Ne m'appelez pas encore Monsieur Jacques. Comment a commencé cette dispute ?

Tableau III 53

JULIETTE, *un coup d'œil aux Renaud.*

C'est-à-dire que...

GASTON *va à eux.*

Voulez-vous être assez gentils pour me laisser seul avec elle? Je sens que vous la gênez.

Mme RENAUD

Je suis prête à tout ce que tu veux si tu peux nous revenir, Jacques.

GASTON, *les accompagnant.*

Je vous rappellerai.

A Juliette, quand ils sont seuls.

Asseyez-vous.

JULIETTE

Monsieur permet?

GASTON, *s'asseyant en face d'elle.*

Et laissons de côté la troisième personne, je vous en prie. Elle ne pourrait que nous gêner. Quel âge avez-vous?

JULIETTE

Trente-trois ans. Vous le savez bien, Monsieur Jacques, puisque j'avais quinze ans lorsque vous êtes parti au front. Pourquoi me le demander?

GASTON

D'abord parce que je ne le savais pas; ensuite, je vous répète que je ne suis peut-être pas Monsieur Jacques.

JULIETTE

Oh! si, moi, je vous reconnais bien, Monsieur Jacques.

GASTON

Vous l'avez bien connu?

JULIETTE, *éclatant soudain en sanglots.*

Ah! c'est pas possible d'oublier à ce point-là!... Mais

vous ne vous rappelez donc rien, Monsieur Jacques?

GASTON

Exactement rien.

JULIETTE *braille dans ses larmes.*

S'entendre poser des questions pareilles après ce qui s'est passé... Ah! ce que ça peut être torturant, alors, pour une femme...

GASTON *reste un instant ahuri ;
puis, soudain, il comprend.*

Ah!... oh! pardon. Je vous demande pardon. Mais alors, Monsieur Jacques...

JULIETTE *renifle.*

Oui.

GASTON

Oh! je vous demande pardon, alors... Mais quel âge aviez-vous?

JULIETTE

Quinze ans, c'était mon premier.

GASTON *sourit soudain, détendu.*

Quinze ans et lui dix-sept... Mais c'est très gentil cette histoire. C'est la première chose que j'apprends de lui qui me paraisse un peu sympathique. Et cela a duré longtemps?

JULIETTB

Jusqu'à ce qu'il parte.

GASTON

Et moi qui ai tant cherché pour savoir quel était le visage de ma bonne amie! Eh bien, elle était charmante!

JULIETTE

Elle était peut-être charmante, mais elle n'était pas la seule, allez!

Tableau III   55

GASTON *sourit encore.*

Ah! non?

JULIETTE

Oh! non, allez!

GASTON

Eh bien, cela non plus, ce n'est pas tellement anti-pathique.

JULIETTE

Vous, vous trouvez peut-être ça drôle! Mais, tout de même, avouez que pour une femme...

GASTON

Bien sûr, pour une femme...

JULIETTE

C'est dur, allez, pour une femme, de se sentir bafouée dans son douloureux amour!

GASTON, *un peu ahuri.*

Dans son doulou...? Oui, bien sûr.

JULIETTE

Je n'étais qu'une toute petite bonne de rien du tout, mais ça ne m'a pas empêchée de la boire jusqu'à la lie, allez, cette atroce douleur de l'amante outragée...

GASTON

Cette atroce...? Bien sûr.

JULIETTE

Vous n'avez jamais lu : « *Violée le soir de son mariage ?* »

GASTON

Non.

JULIETTE

Vous devriez le lire; vous verrez, il y a une situation presque semblable. L'infâme séducteur de Bertrande s'en va lui aussi (mais en Amérique, lui, où l'appelle son oncle richissime) et c'est alors qu'elle le lui dit, Bertrande, qu'elle l'a bue jusqu'à la lie, cette atroce douleur de l'amante outragée.

GASTON, *pour qui tout s'éclaire.*

Ah! c'était une phrase du livre?

JULIETTE

Oui, mais ça s'appliquait tellement bien à moi!

GASTON

Bien sûr...

Il s'est levé soudain. Il demande drôlement.

Et il vous aimait beaucoup, Monsieur Jacques?

JULIETTE

Passionnément. D'ailleurs, c'est bien simple, il me disait qu'il se tuerait pour moi.

GASTON

Comment êtes-vous devenue sa maîtresse?

JULIETTE

Oh! c'est le second jour que j'étais dans la maison. Je faisais sa chambre, il m'a fait tomber sur le lit. Je riais comme une idiote, moi. Forcément, à cet âge! Ça s'est passé comme qui dirait malgré moi. Mais, après, il m'a juré qu'il m'aimerait toute la vie!

GASTON *la regarde et sourit.*

Drôle de Monsieur Jacques...

JULIETTE

Pourquoi drôle?

GASTON

Pour rien. En tout cas, si je deviens Monsieur Jacques, je vous promets de vous reparler très sérieusement de cette situation.

Tableau III 57

JULIETTE

Oh! vous savez, moi, je ne demande pas de réparation. Je suis mariée maintenant...

GASTON

Tout de même, tout de même...

Un temps.

Mais je fais l'école buissonnière et je ne serai pas reçu à mon examen. Revenons à cette horrible histoire qu'il serait si agréable de ne pas savoir et qu'il faut que j'apprenne de bout en bout.

JULIETTE

Ah! oui, la bataille avec Monsieur Marcel.

GASTON

Oui. Vous étiez présente?

JULIETTE, *qui se rengorge.*

Bien sûr, j'étais présente!

GASTON

Vous avez assisté à la naissance de leur dispute?

JULIETTE

Mais bien sûr.

GASTON

Alors vous allez pouvoir me dire pour quelle étrange folie ils se sont battus aussi sauvagement?

JULIETTE, *tranquillement.*

Comment une étrange folie? Mais c'est pour moi qu'ils se sont battus.

GASTON *se lève.*

C'est pour vous?

JULIETTE

Mais bien sûr, c'est pour moi. Ça vous étonne?

GASTON *répète, abasourdi.*

C'est pour vous?

JULIETTE

Mais, bien sûr. Vous comprenez, j'étais la maîtresse
de Monsieur Jacques — je vous dis ça à vous, n'est-ce
pas, parce qu'il faut bien que vous le sachiez, mais pas
de gaffes, hein? je ne tiens pas à perdre ma place pour
une histoire d'il y a vingt ans! Oui, j'étais la maîtresse
de Monsieur Jacques et, il faut bien le dire, Monsieur
Marcel tournait un peu autour de moi.

GASTON

Alors?

JULIETTE

Alors un jour qu'il essayait de m'embrasser derrière
la porte... Je ne me laissais pas faire, hein? mais vous
savez ce que c'est qu'un garçon quand ça a cela en tête...
Juste à ce moment, Monsieur Jacques est sorti de sa
chambre et il nous a vus. Il a sauté sur Monsieur Marcel, qui a riposté. Ils se sont battus, ils ont roulé par
terre...

GASTON

Où se trouvaient-ils?

JULIETTE

Sur le grand palier du premier, là, à côté.

GASTON *crie soudain comme un fou.*

Où? Où? Où? Venez, je veux voir la place exacte.

Il l'a traînée par le poignet jusqu'au vestibule.

JULIETTE

Mais vous me faites mal!

GASTON

Où? Où?

JULIETTE *s'arrache de ses mains,*
se frotte le poignet.

Eh bien, là! Ils sont tombés là, à moitié dans le vesti-

Tableau III 59

bule, à moitié sur le palier. Monsieur Marcel était dessous.

GASTON *crie.*

Mais là ils étaient loin du bord! Comment a-t-il pu glisser jusqu'au bas des marches? Ils ont roulé tous les deux en luttant?

JULIETTE

Non, c'est Monsieur Jacques qui a réussi à se relever et qui a traîné Monsieur Marcel par la jambe jusqu'aux marches...

GASTON

Et puis?

JULIETTE

Et puis il l'a poussé, pardi! En lui criant : « Tiens, petit salaud, ça t'apprendra à embrasser les poules des autres! » Voilà.

Il y a un silence.

Ah! c'était quelqu'un, Monsieur Jacques!

GASTON, *sourdement.*

Et c'était son ami?

JULIETTE

Pensez! depuis l'âge de six ans qu'ils allaient à l'écoie ensemble.

GASTON

Depuis l'âge de six ans.

JULIETTE

Ah! c'est horrible, bien sûr!... Mais qu'est-ce que vous voulez? L'amour, c'est plus fort que tout.

GASTON *la regarde et murmure.*

L'amour, bien sûr, l'amour. Je vous remercie, Mademoiselle.

GEORGES *frappe à la porte de la chambre,*
puis, ne les voyant pas, vient jusqu'au vestibule.

Je me suis permis de revenir. Vous ne nous rappeliez
plus; maman était inquiète. Eh bien, vous savez ce que
vous voulez savoir?

GASTON

Oui, je vous remercie. Je sais ce que je voulais savoir.

Juliette est sortie.

GEORGES

Oh! ce n'est pas une bien jolie chose, certainement...
Mais je veux croire, malgré tout ce qu'on a pu dire, que
ce n'était au fond qu'un accident et — tu avais dix-
sept ans, il ne faut pas l'oublier — un enfantillage, un
sinistre enfantillage.

Un silence. Il est gêné.

Comment vous a-t-elle raconté cela?

GASTON

Comme elle l'a vu, sans doute.

GEORGES

Elle vous l'a dit, que cette bataille c'était pour votre
rivalité de club? Marcel avait démissionné du tien pour
des raisons personnelles; vous faisiez partie d'équipes
adverses et, malgré tout, n'est-ce pas, dans votre ardeur
sportive...

Gaston ne dit rien.

Enfin, c'est la version que, moi, j'ai voulu croire.
Parce que, du côté des Grandchamp, on a fait circuler
une autre histoire, une histoire que je me suis toujours
refusé à accepter pour ma part. Ne cherche pas à la
connaître, celle-là, elle n'est que bête et méchante.

GASTON *le regarde.*

Vous l'aimiez bien?

GEORGES

C'était mon petit frère, malgré tout. Malgré tout le

Tableau III   61

reste. Parce qu'il y a eu bien d'autres choses... Ah! tu étais terrible.

GASTON

Tant que j'en aurai le droit, je vous demanderai de dire : *il* était terrible.

GEORGES, *avec un pauvre sourire à ses souvenirs.*

Oui... terrible. Oh! tu nous as causé bien des soucis! Et, si tu reviens parmi nous, il faudra que tu apprennes des choses plus graves encore que ce geste malheureux, sur lequel tu peux conserver tout de même le bénéfice du doute.

GASTON

Je dois encore apprendre autre chose?

GEORGES

Tu étais un enfant, que veux-tu, un enfant livré à lui-même dans un monde désorganisé. Maman, avec ses principes, se heurtait maladroitement à toi sans rien faire que te refermer davantage. Moi, je n'avais pas l'autorité suffisante... Tu as fait une grosse bêtise, oui, d'abord, qui nous a coûté très cher... Tu sais, nous, les aînés, nous étions au front. Les jeunes gens de ton âge se croyaient tout permis. Tu as voulu monter une affaire. Y croyais-tu seulement, à cette affaire? Ou n'était-ce qu'un prétexte pour exécuter tes desseins? Toi seul pourras nous le dire si tu recouvres complète-ment ta mémoire. Toujours est-il que tu as ensorcelé — ensorcelé, c'est le mot — une vieille amie de la famille. Tu lui as fait donner une grosse somme, près de cinq cent mille francs. Tu étais soi-disant intermédiaire. Tu t'étais fait faire un faux papier à l'en-tête d'une compagnie... imaginaire sans doute... Tu signais de faux reçus. Un jour, tout s'est découvert. Mais il était trop tard. Il ne te restait plus que quelques milliers de francs. Tu avais dépensé le reste, Dieu sait dans quels tripots, dans quelles boîtes, avec des femmes et quelques camarades... Nous avons remboursé naturellement.

GASTON

La joie avec laquelle vous vous apprêtez à voir revenir votre frère est admirable.

GEORGES *baisse la tête*.

Plus encore que tu ne le crois, Jacques.

GASTON

Comment! il y a autre chose?

GEORGES

Nous en parlerons une autre fois.

GASTON

Pourquoi une autre fois?

GEORGES

Il vaut mieux. Je vais appeler maman. Elle doit s'inquiéter de notre silence.

GASTON *l'arrête*.

Vous pouvez me parler. Je suis presque sûr de n'être pas votre frère.

GEORGES *le regarde un moment en silence.*
Puis, d'une voix sourde.

Vous lui ressemblez beaucoup pourtant. C'est son visage, mais comme si une tourmente était passée sur lui.

GASTON, *souriant.*

Dix-huit ans! Le vôtre aussi, sans doute, quoique je n'aie pas l'honneur de me le rappeler sans rides.

GEORGES

Ce ne sont pas seulement des rides. C'est une usure. Mais une usure qui, au lieu de raviner, de durcir, aurait adouci, poli. C'est comme une tourmente de douceur et de bonté qui est passée sur votre visage.

GASTON

Oui. Il y a beaucoup de chances, je le comprends

Tableau III   63

maintenant, pour que le visage de Monsieur votre frère
n'ait pas été particulièrement empreint de douceur.

GEORGES

Vous vous trompez. Il était dur, oui, léger, incons-
tant... Mais... oh! je l'aimais bien avec ses défauts. Il
était plus beau que moi. Pas plus intelligent peut-être
— de l'intelligence qu'il faut au collège ou dans les
concours — mais plus sensible, plus brillant sûrement...

Il dit sourdement.

Plus séduisant. Il m'aimait bien aussi, vous savez, à
sa façon. Il avait même, au sortir de l'enfance du moins,
une sorte de tendresse reconnaissante qui me touchait
beaucoup. C'est pourquoi cela a été si dur quand j'ai
appris.

Il baisse la tête comme si c'était lui qui avait tort.

Je l'ai détesté, oui, je l'ai détesté. Et puis, très vite,
je n'ai plus su lui en vouloir.

GASTON

Mais de quoi?

GEORGES *a relevé la tête, il le regarde.*

Est-ce toi, Jacques?

Gaston fait un geste.

J'ai beau me dire qu'il était jeune, qu'il était faible
au fond comme tous les violents... J'ai beau me dire
que tout est facile à de belles lèvres un soir d'été quand
on va partir au front. J'ai beau me dire que j'étais loin,
qu'elle aussi était toute petite...

GASTON

Je vous suis mal. Il vous a pris une femme?

Un temps.

Votre femme?

Georges fait « oui ». Gaston, sourdement.

Le salaud.

GEORGES *a un petit sourire triste.*

C'est peut-être vous.

GASTON, *après un temps,*
demande d'une voix cassée.

C'est Georges que vous vous appelez?

GEORGES

Oui.

GASTON *le regarde un moment,*
puis il a un geste de tendresse maladroite.

Georges...

Mme RENAUD *paraît dans l'antichambre.*

Tu es là, Jacques?

GEORGES, *les larmes aux yeux,*
honteux de son émotion.

Excusez-moi, je vous laisse.

Il sort rapidement par l'autre porte.

Mme RENAUD, *entrant dans la chambre.*

Jacques...

GASTON, *sans bouger.*

Oui.

Mme RENAUD

Devine qui vient de venir?... Ah! c'est une audace.

GASTON, *las.*

Je n'ai déjà pas de mémoire, alors... les devinettes...

Mme RENAUD

Tante Louise, mon cher! Oui, tante Louise!

GASTON

Tante Louise. Et c'est une audace?...

Tableau III   65

Mme RENAUD

Ah! tu peux m'en croire... Après ce qui s'est passé!
J'espère bien que tu me feras le plaisir de ne pas la
revoir si elle tentait de t'approcher malgré nous. Elle
s'est conduite d'une façon!... Et puis d'ailleurs tu ne
l'aimais pas. Oh! mais quelqu'un de la famille que tu
détestais, mon petit, tu avais pour lui une véritable
haine, justifiée d'ailleurs, je dois le reconnaître, c'est
ton cousin Jules.

GASTON, *toujours sans bouger.*

J'ai donc une véritable haine que je ne savais pas.

Mme RENAUD

Pour Jules? Mais tu ne sais pas ce qu'il t'a fait, le
petit misérable? Il t'a dénoncé au concours général
parce que tu avais une table de logarithmes... C'est
vrai, il faut bien que je te raconte toutes ces histoires,
tu serais capable de leur faire bonne figure, à tous ces
gens, toi qui ne te souviens de rien!... Et Gérard Dubuc
qui viendra sûrement te faire des sucreries... Pour pouvoir entrer à la Compagnie Fillière où tu avais beaucoup
plus de chances que lui d'être pris à cause de ton oncle,
il t'a fait éliminer en te calomniant auprès de la direction. Oui, nous avons su plus tard que c'était lui. Oh!
mais j'espère bien que tu lui fermeras la porte, comme
à certains autres que je te dirai et qui t'ont trahi ignoble-
ment.

GASTON

Comme c'est plein de choses agréables, un passé!...

Mme RENAUD

En revanche, quoiqu'elle soit un peu répugnante
depuis qu'elle est paralytique, la pauvre, il faudra bien
embrasser la chère Madame Bouquon. Elle t'a vu naître.

GASTON

Cela ne me paraît pas une raison suffisante.

Mme RENAUD

Et puis c'est elle qui t'a soigné pendant ta pneumonie

quand j'étais malade en même temps que toi. Elle t'a
sauvé, mon petit!

GASTON

C'est vrai, il y a aussi la reconnaissance. Je n'y pensais plus, à celle-là.

Un temps.

Des obligations, des haines, des blessures... Qu'est-ce
que je croyais donc que c'était, des souvenirs?

Il s'arrête, réfléchit.

C'est juste, j'oubliais des remords. J'ai un passé
complet maintenant.

Il sourit drôlement, va à elle.

Mais vous voyez comme je suis exigeant. J'aurais
préféré un modèle avec quelques joies. Un petit enthousiasme aussi si c'était possible. Vous n'avez rien à
m'offrir?

Mme RENAUD

Je ne te comprends pas, mon petit.

GASTON

C'est pourtant bien simple. Je voudrais que vous
me disiez une de ces anciennes joies. Mes haines, mes
remords ne m'ont rien appris. Donnez-moi une joie
de votre fils, que je voie comment elle sonne en moi.

Mme RENAUD

Oh! ce n'est pas difficile. Des joies, tu en as eu beaucoup, tu sais... Tu as été tellement gâté!

GASTON

Eh bien, j'en voudrais une...

Mme RENAUD

Bon. C'est agaçant quand il faut se rappeler comme
cela d'un coup, on ne sait que choisir...

GASTON

Dites au hasard.

Tableau III 67

Mme RENAUD

Eh bien, tiens, quand tu avais douze ans...

GASTON *l'arrête.*

Une joie d'homme. Les autres sont trop loin.

Mme RENAUD, *soudain gênée.*

C'est que... tes joies d'homme... Tu ne me les disais pas beaucoup. Tu sais, un grand garçon!... Tu sortais tellement. Comme tous les grands garçons... Vous étiez les rois à cette époque. Tu allais dans les bars, aux courses... Tu avais des joies avec tes camarades, mais avec moi...

GASTON

Vous ne m'avez jamais vu joyeux devant vous?

Mme RENAUD

Mais tu penses bien que si! Tiens, le jour de tes derniers prix, je me rappelle...

GASTON *la coupe.*

Non, pas les prix! Plus tard. Entre le moment où j'ai posé mes livres de classe et celui où l'on m'a mis un fusil dans les mains; pendant ces quelques mois qui devaient être, sans que je m'en doute, toute ma vie d'homme.

Mme RENAUD

Je cherche. Mais tu sortais tellement, tu sais... Tu faisais tellement l'homme...

GASTON

Mais enfin, à dix-huit ans, si sérieusement qu'on joue à l'homme, on est encore un enfant! Il y a bien eu un jour une fuite dans la salle de bains que personne ne pouvait arrêter, un jour où la cuisinière a fait un barbarisme formidable, où nous avons rencontré un receveur de tramway comique... J'ai ri devant vous. J'ai été content d'un cadeau, d'un rayon de soleil. Je ne vous demande pas une joie débordante... une toute petite joie. Je n'étais pas neurasthénique?

Mme RENAUD, *soudain gênée.*

Je vais te dire, mon petit Jacques... J'aurais voulu
t'expliquer cela plus tard, et plus posément... Nous
n'étions plus en très bons termes à cette époque, tous
les deux... Oh! c'était un enfantillage!... Avec le recul,
je suis sûre que cela va te paraître beaucoup plus grave
que cela ne l'a été. Oui, à cette époque précisément,
entre le collège et le régiment, nous ne nous adressions
pas la parole.

GASTON

Ah!

Mme RENAUD

Oui. Oh! pour des bêtises, tu sais.

GASTON

Et... cela a duré longtemps, cette brouille?

Mme RENAUD

Presque un an.

GASTON

Fichtre! Nous avions tous deux de l'endurance. Et
qui avait commencé?

Mme RENAUD, *après une hésitation.*

Oh! moi, si tu veux... Mais c'était bien à cause de
toi. Tu t'étais entêté stupidement.

GASTON

Quel entêtement de jeune homme a donc pu vous
entraîner à ne pas parler à votre fils pendant un an?

Mme RENAUD

Tu n'as jamais rien fait pour faire cesser cet état de
choses. Rien!

GASTON

Mais, quand je suis parti pour le front, nous nous
sommes réconciliés tout de même, vous ne m'avez pas
laissé partir sans m'embrasser?

Tableau III   69

Mme RENAUD, *après un si nce, soudain.*

Si.

Un temps, puis vite.

C'est ta faute, ce jour-là aussi je t'ai attendu dans ma chambre. Toi, tu attendais dans la tienne. Tu voulais que je fasse les premiers pas, moi, ta mère!... Alors que tu m'avais gravement offensée. Les autres ont eu beau s'entremettre. Rien ne t'a fait céder. Rien. Et tu partais pour le front.

GASTON

Quel âge avais-je?

Mme RENAUD

Dix-huit ans.

GASTON

Je ne savais peut-être pas où j'allais. A dix-huit ans, c'est une aventure amusante, la guerre. Mais on n'était plus en 1914 où les mères mettaient des fleurs au fusil; vous deviez le savoir, vous, où j'allais.

Mme RENAUD

Oh! je pensais que la guerre serait finie avant que tu quittes la caserne ou que je te reverrais à ta première permission avant le front. Et puis, tu étais toujours si cassant, si dur avec moi.

GASTON

Mais vous ne pouviez pas descendre me dire : « Tu es fou, embrasse-moi! »

Mme RENAUD

J'ai eu peur de tes yeux... Du rictus d'orgueil que tu aurais eu sans doute. Tu aurais été capable de me chasser, tu sais...

GASTON

Eh bien, vous seriez revenue, vous auriez pleuré à ma porte, vous m'auriez supplié, vous vous seriez mise à genoux pour que cette chose ne soit pas et que je vous

embrasse avant de partir. Ah! c'est mal de ne pas vous
être mise à genoux.

Mme RENAUD

Mais une mère, Jacques!...

GASTON

J'avais dix-huit ans, et on m'envoyait mourir. J'ai
un peu honte de vous dire cela, mais, j'avais beau être
brutal, m'enfermer dans mon jeune orgueil imbécile,
vous auriez dû tous vous mettre à genoux et me demander pardon.

Mme RENAUD

Pardon de quoi? Mais je n'avais rien fait, moi!

GASTON

Et qu'est-ce que j'avais fait, moi, pour que cet infran-
chissable fossé se creuse entre nous?

Mme RENAUD, *avec soudain le ton d'autrefois.*

Oh! tu t'étais mis dans la tête d'épouser une petiet
couturière que tu avais trouvée Dieu sait où, à dix-huit
ans, et qui refusait sans doute de devenir ta maîtresse...
Le mariage n'est pas une amourette! Devions-nous te
laisser compromettre ta vie, introduire cette fille chez
nous? Ne me dis pas que tu l'aimais... Est-ce qu'on
aime à dix-huit ans, je veux dire : est-ce qu'on aime pro-
fondément, d'une façon durable, pour se marier et fonder
un foyer, une petite cousette rencontrée dans un bal trois
semaines plus tôt?

GASTON, *après un silence.*

Bien sûr, c'était une bêtise... Mais ma classe allait
être appelée dans quelques mois, vous le saviez. Si cette
bêtise était la seule qu'il m'était donné de faire; si cet
amour, qui ne pouvait pas durer, celui qui vous le récla-
mait n'avait que quelques mois à vivre, pas même assez
pour l'épuiser?

Mme RENAUD

Mais on ne pensait pas que tu allais mourir!... Et

Tableau III 71

puis, je ne t'ai pas tout dit. Tu sais ce que tu m'as crié,
en plein visage, avec ta bouche toute tordue, avec ta
main levée sur moi, moi ta mère? « Je te déteste, je te
déteste! » Voilà ce que tu m'as crié.

Un silence.

Comprends-tu maintenant pourquoi je suis restée
dans ma chambre en espérant que tu monterais, jusqu'à
ce que la porte de la rue claque derrière toi?

GASTON, *doucement, après un silence.*

Et je suis mort à dix-huit ans, sans avoir eu ma petite
joie, sous prétexte que c'était une bêtise, et sans que
vous m'ayez reparlé. J'ai été couché sur le dos toute une
nuit avec ma blessure à l'épaule, et j'étais deux fois plus
seul que les autres qui appelaient leur mère.

Un silence, il dit soudain comme pour lui.

C'est vrai, je vous déteste.

Mme RENAUD *crie, épouvantée.*

Mais, Jacques, qu'est-ce que tu as?

GASTON *revient à lui, la voit.*

Comment? Pardon... Je vous demande pardon.

Il s'est éloigné, fermé, dur.

Je ne suis pas Jacques Renaud; je ne reconnais rien
ici de ce qui a été à lui. Un moment, oui, en vous écoutant
parler, je me suis confondu avec lui. Je vous demande
pardon. Mais, voyez-vous, pour un homme sans mémoire,
un passé tout entier, c'est trop lourd à endosser en une
seule fois. Si vous vouliez me faire plaisir, pas seulement
me faire plaisir, me faire du bien, vous me permettriez
de retourner à l'asile. Je plantais des salades, je cirais les
parquets. Les jours passaient... Mais même au bout de
dix-huit ans — une autre moitié exactement de ma vie
— ils n'étaient pas parvenus, en s'ajoutant les uns aux
autres, à faire cette chose dévorante que vous appelez
un passé.

Mme RENAUD

Mais, Jacques...

GASTON

Et puis, ne m'appelez plus Jacques... Il a fait trop de
choses, ce Jacques. Gaston, c'est bien; quoique ce ne
soit personne, je sais qui c'est. Mais ce Jacques dont le
nom est déjà entouré des cadavres de tant d'oiseaux, ce
Jacques qui a trompé, meurtri, qui s'en est allé tout seul
à la guerre sans personne à son train, ce Jacques qui n'a
même pas aimé, il me fait peur.

Mme RENAUD

Mais enfin, mon petit...

GASTON

Allez-vous-en! Je ne suis pas votre petit.

Mme RENAUD

Oh! tu me parles comme autrefois!

GASTON

Je n'ai pas d'autrefois, je vous parle comme aujour-
d'hui. Allez-vous-en!

Mme RENAUD *se redresse, comme autrefois elle aussi.*

C'est bien, Jacques! Mais, quand les autres t'auront
prouvé que je suis ta mère, il faudra bien que tu viennes
me demander pardon.

*Elle sort sans voir Valentine qui a écouté les der-
nières répliques du couloir.*

VALENTINE *s'avance quand elle est sortie.*

Vous dites qu'il n'a jamais aimé. Qu'en savez-vous,
vous qui ne savez rien?

GASTON *la toise.*

Vous aussi, allez-vous-en!

VALENTINE

Pourquoi me parlez-vous ainsi? Qu'est-ce que vous
avez?

Tableau III   73

GASTON *crie.*

Allez-vous-en! Je ne suis pas Jacques Renaud.

VALENTINE

Vous le criez comme si vous en aviez peur.

GASTON

C'est un peu cela.

VALENTINE

De la peur, passe encore. La jeune ombre de Jacques est une ombre redoutable à endosser, mais pourquoi de la haine et contre moi?

GASTON

Je n'aime pas que vous veniez me faire des sourires comme vous n'avez cessé de m'en faire depuis que je suis ici. Vous avez été sa maîtresse.

VALENTINE

Qui a osé le dire?

GASTON

Votre mari.

Un silence.

VALENTINE

Eh bien, si vous êtes mon amant, si je vous retrouve et que je veuille vous reprendre... Vous êtes assez ridicule pour trouver cela mal?

GASTON

Vous parlez à une sorte de paysan du Danube. D'un drôle de Danube, d'ailleurs, aux eaux noires et aux rives sans nom. Je suis un homme d'un certain âge, mais j'arrive frais éclos au monde. Cela n'est peut-être pas si mal après tout de prendre la femme de son frère, d'un frère qui vous aimait, qui vous a fait du bien?

VALENTINE, *doucement.*

Quand nous nous sommes connus en vacances à Dinard, j'ai joué au tennis, j'ai nagé plus souvent avec vous qu'avec votre frère... J'ai fait plus de promenades sur les rochers avec vous. C'est avec vous, avec vous seul, que j'ai échangé des baisers. Je suis venue chez votre mère, ensuite, à des parties de camarades et votre frère s'est mis à m'aimer; mais c'était vous que je venais voir.

GASTON

Mais c'est tout de même lui que vous avez épousé?

VALENTINE

Vous étiez un enfant. J'étais orpheline, mineure sans un sou, avec une tante bienfaitrice qui m'avait déjà fait payer très cher les premiers partis refusés. Devais-je me vendre à un autre plutôt qu'à lui qui me rapprochait de vous?

GASTON

Il y a une rubrique dans les magazines féminins où l'on répond à ce genre de questions.

VALENTINE

Je suis devenue votre maîtresse au retour de notre voyage de noces.

GASTON

Ah! nous avons tout de même attendu un peu.

VALENTINE

Un peu? Deux mois, deux horribles mois. Puis, nous avons eu trois ans bien à nous, car la guerre a éclaté tout de suite et Georges est parti le 4 août... Et après ces dix-sept ans, Jacques...

Elle a mis sa main sur son bras, il recule.

GASTON

Je ne suis pas Jacques Renaud.

VALENTINE

Quand bien même... Laissez-moi contempler le fantôme du seul homme que j'aie aimé...

Elle a un petit sourire.

Tableau III   75

Oh! tu plisses ta bouche...

> *Elle le regarde bien en face, il est gêné.*

Rien de moi ne correspond à rien dans votre magasin aux accessoires, un regard, une inflexion?

GASTON

Rien.

VALENTINE

Ne soyez pas si dur, de quelque Danube infernal que vous veniez! C'est grave, vous comprenez, pour une femme qui a aimé, de retrouver un jour, après une interminable absence, sinon son amant, du moins, avec la reconstitution du plus imperceptible plissement de bouche, son fantôme scrupuleusement exact.

GASTON

Je suis peut-être un fantôme plein d'exactitude, mais je ne suis pas Jacques Renaud.

VALENTINE

Regardez-moi bien.

GASTON

Je vous regarde bien. Vous êtes charmante, mais je ne suis pas Jacques Renaud!

VALENTINE

Je ne suis rien pour vous, vous en êtes sûr?

GASTON

Rien.

VALENTINE

Alors, vous ne retrouverez jamais votre mémoire.

GASTON

J'en arrive à le souhaiter.

> *Un temps, il s'inquiète tout de même.*

Pourquoi ne retrouverai-je jamais ma mémoire?

VALENTINE

Vous ne vous souvenez même pas des gens que vous avez vus il y a deux ans.

GASTON

Deux ans?

VALENTINE

Une lingère, une lingère en remplacement...

GASTON

Une lingère en remplacement?

Un silence. Il demande soudain :

Qui vous a raconté cela?

VALENTINE

Personne. J'avais — avec l'approbation de ma belle-mère d'ailleurs — adopté cette personnalité pour vous approcher librement. Regardez-moi bien, homme sans mémoire...

GASTON *l'attire malgré lui, troublé.*

C'était vous la lingère qui n'est restée qu'un jour?

VALENTINE

Oui, c'était moi.

GASTON

Mais vous ne m'avez rien dit ce jour-là?

VALENTINE

Je ne voulais rien vous dire avant... J'espérais, vous voyez comme je crois à l'amour — à votre amour — qu'en me prenant vous retrouveriez la mémoire.

GASTON

Mais après?

VALENTINE

Après, comme j'allais vous dire, rappelez-vous, nous avons été surpris.

Tableau III　　　　　77

GASTON *sourit à ce souvenir.*

Ah? l'économe!

VALENTINE *sourit aussi.*

L'économe, oui.

GASTON

Mais vous n'avez pas crié partout que vous m'aviez reconnu?

VALENTINE

Je l'ai crié, mais nous étions cinquante familles à le faire.

GASTON *a un rire nerveux, soudain.*

Mais c'est vrai, suis-je bête, tout le monde me reconnaît! Cela ne prouve en rien que je suis Jacques Renaud.

VALENTINE

Vous vous en êtes souvenu tout de même de votre lingère et de son gros paquet de draps?

GASTON

Mais, bien sûr, je m'en suis souvenu. A part mon amnésie, j'ai beaucoup de mémoire.

VALENTINE

Vous voulez la reprendre dans vos bras, votre lingère?

GASTON *la repousse.*

Attendons de savoir si je suis Jacques Renaud.

VALENTINE

Et si vous êtes Jacques Renaud?

GASTON

Si je suis Jacques Renaud, je ne la reprendrai pour rien au monde dans mes bras. Je ne veux pas être l'amant de la femme de mon frère.

VALENTINE

Mais vous l'avez déjà été!...

GASTON

Il y a si longtemps et j'ai été si malheureux depuis,
je suis lavé de ma jeunesse.

VALENTINE *a un petit rire triomphant.*

Vous oubliez déjà votre lingère!... Si vous êtes Jacques
Renaud, c'est il y a deux ans que vous avez été l'amant
de la femme de votre frère. Vous, bien vous, pas un
lointain petit jeune homme.

GASTON

Je ne suis pas Jacques Renaud!

VALENTINE

Écoute, Jacques, il faut pourtant que tu renonces à la
merveilleuse simplicité de ta vie d'amnésique. Écoute,
Jacques, il faut pourtant que tu t'acceptes. Toute notre
vie avec notre belle morale et notre chère liberté, cela
consiste en fin de compte à nous accepter tels que nous
sommes... Ces dix-sept ans d'asile pendant lesquels tu
t'es conservé si pur, c'est la durée exacte d'une adolescence, ta seconde adolescence qui prend fin aujourd'hui.
Tu vas redevenir un homme, avec tout ce que cela
comporte de taches, de ratures et aussi de joies. Accepte-
toi et accepte-moi, Jacques.

GASTON

Si j'y suis obligé par quelque preuve, il faudra bien
que je m'accepte; mais je ne vous accepterai pas!

VALENTINE

Mais puisque malgré toi c'est fait déjà, depuis deux
ans!

GASTON

Je ne prendrai pas la femme de mon frère.

VALENTINE

Quand laisseras-tu tes grands mots? Tu vas voir,
maintenant que tu vas être un homme, aucun de tes
nouveaux problèmes ne sera assez simple pour que tu
puisses le résumer dans une formule... Tu m'as prise à
lui, oui. Mais, le premier, il m'avait prise à toi, simple-

Tableau III   79

ment parce qu'il avait été un homme, maître de ses actes, avant toi.

GASTON

Et puis, il n'y a pas que vous... Je ne tiens pas à avoir dépouillé de vieilles dames, violé des bonnes.

VALENTINE

Quelles bonnes ?

GASTON

Un autre détail... Je ne tiens pas non plus à avoir levé la main sur ma mère, ni à aucune des excentricités de mon affreux petit sosie.

VALENTINE

Comme tu cries !... Mais, à peu de choses près, tu as déjà fait cela aussi tout à l'heure...

GASTON

J'ai dit à une vieille dame inhumaine que je la détestais, mais cette vieille dame n'était pas ma mère.

VALENTINE

Si, Jacques ! Et c'est pour cela que tu le lui as dit avec tant de véhémence. Et, tu vois, il t'a suffi, au contraire, de côtoyer une heure les personnages de ton passé pour reprendre inconsciemment avec eux tes anciennes attitudes. Écoute, Jacques, je vais monter dans ma chambre, car tu vas être très en colère. Dans dix minutes, tu m'appelleras, car tes colères sont terribles, mais ne durent jamais plus de dix minutes.

GASTON

Qu'en savez-vous ? Vous m'agacez à la fin. Vous avez l'air d'insinuer que vous me connaissez mieux que moi.

VALENTINE

Mais bien sûr !... Écoute, Jacques, écoute. Il y a une preuve décisive que je n'ai jamais pu dire aux autres !...

GASTON *recule.*

Je ne vous crois pas !

VALENTINE *sourit.*

Attends, je ne l'ai pas encore dite.

GASTON *crie.*

Je ne veux pas vous croire, je ne veux croire personne.
Je ne veux plus que personne me parle de mon passé!

LA DUCHESSE *entre en trombe, suivie de Mᵉ Huspar,*

Valentine se cache dans la salle de bains.

Gaston, Gaston, c'est épouvantable! Des gens viennent
d'arriver, furieux, tonitruants, c'est une de vos familles.
J'ai été obligée de les recevoir. Ils m'ont couverte d'in-
sultes. Je comprends maintenant que j'ai été follement
imprudente de ne pas suivre l'ordre d'inscription que
nous avions annoncé par voie de presse... Ces gens-là se
croient frustrés. Ils vont faire un scandale, nous accuser
de Dieu sait quoi!

HUSPAR

Je suis sûr, Madame, que personne n'oseran vous
suspecter.

LA DUCHESSE

Mais vous ne comprenez donc point que ces deux
cent cinquante mille francs les aveuglent! Ils parlent
de favoritisme, de passe-droit. De là à prétendre que
mon petit Albert touche la forte somme de la famille
à laquelle il attribue Gaston il n'y a qu'un pas!

LE MAITRE D'HÔTEL *entre.*

Madame. Je demande pardon à Madame la duchesse.
Mais voici d'autres personnes qui réclament Maître
Huspar ou Madame la duchesse.

LA DUCHESSE

Leur nom?

LE MAITRE D'HÔTEL

Ils m'ont donné cette carte que je ne me permettais
pas de présenter dès l'abord à Madame la duchesse, vu
qu'elle est commerciale.

Tableau III 81

Il lit, très digne.

Beurres, œufs, fromages.
Maison Bougran.

LA DUCHESSE, *cherchant dans son agenda.*

Bougran? Vous avez dit Bougran? C'est la crémière!

LE VALET DE CHAMBRE *frappe et entre.*

Je demande pardon à Madame; mais c'est un Monsieur, ou plutôt un homme, qui demande Madame la duchesse. Vu sa tenue, je dois dire à Madame que je n'ai pas osé l'introduire.

LA DUCHESSE, *dans son agenda.*

Son nom? Legropâtre ou Madensale?

LE VALET DE CHAMBRE

Legropâtre, Madame la duchesse.

LA DUCHESSE

Legropâtre, c'est le lampiste! Introduisez-le avec beaucoup d'égards! Ils sont tous venus par le même train. Je parie que les Madensale vont suivre. J'ai appelé Pont-au-Bronc au téléphone. Je vais tâcher de les faire patienter!

Elle sort rapidement, suivie de Mᵉ Huspar.

GASTON *murmure, harassé.*

Vous avez tous des preuves, des photographies ressemblantes, des souvenirs précis comme des crimes... Je vous écoute tous et je sens surgir peu à peu derrière moi un être hybride où il y a un peu de chacun de vos fils et rien de moi, parce que vos fils n'ont rien de moi.

Il répète.

Moi. Moi. J'existe, moi, malgré toutes vos histoires... Vous avez parlé de la merveilleuse simplicité de ma vie d'amnésique tout à l'heure... Vous voulez rire. Essayez de prendre toutes les vertus, tous les vices et de les accrocher derrière vous.

VALENTINE, *qui est rentrée*
à la sortie de la duchesse.

Ton lot va être beaucoup plus simple si tu veux m'écouter une minute seulement, Jacques. Je t'offre une succession un peu chargée, sans doute, mais qui te paraîtra légère puisqu'elle va te délivrer de toutes les autres. Veux-tu m'écouter ?

GASTON

Je vous écoute.

VALENTINE

Je ne t'ai jamais vu nu, n'est-ce pas ? Eh bien, tu as une cicatrice, une toute petite cicatrice qu'aucun des médecins qui t'ont examiné n'a découverte, j'en suis sûre, à deux centimètres sous l'omoplate gauche. C'est un coup d'épingle à chapeau — crois-tu qu'on était affublée en 1915 ! — je te l'ai donné un jour où j'ai cru que tu m'avais trompée.

Elle sort. Il reste abasourdi un instant, puis il commence lentement à enlever sa veste.

LE RIDEAU TOMBE

QUATRIÈME TABLEAU

Le chauffeur et le valet de chambre grimpés sur une chaise dans un petit couloir obscur et regardant par un œil-de-bœuf.

LE VALET DE CHAMBRE

Hé! dis donc! Y se déculotte...

LE CHAUFFEUR, *le poussant pour prendre sa place.*

Sans blagues? Mais il est complètement sonné, ce gars-là! Qu'est-ce qu'il fait? Il se cherche une puce? Attends, attends. Le voilà qui grimpe sur une chaise pour se regarder dans la glace de la cheminée...

LE VALET DE CHAMBRE

Tu rigoles... Y monte sur une chaise?

LE CHAUFFEUR

Je te le dis.

LE VALET DE CHAMBRE, *prenant sa place.*

Fais voir ça... Ah! dis donc! Et tout ça c'est pour voir son dos. Je te dis qu'il est sonné. Bon. Le voilà qui redescend. Il a vu ce qu'il voulait. Y remet sa chemise. Y s'assoit... Ah! dis donc... Mince alors!

LE CHAUFFEUR

Qu'est-ce qu'il fait ?

LE VALET DE CHAMBRE *se retourne, médusé.*

Y chiale...

LE RIDEAU TOMBE

CINQUIÈME TABLEAU

La chambre de Jacques. Les persiennes sont fermées, l'ombre rousse est rayée de lumière. C'est le matin. Gaston est couché dans le lit, il dort. Le maître d'hôtel et le valet de chambre sont en train d'apporter dans la pièce des animaux empaillés qu'ils disposent autour du lit. La duchesse et Mme Renaud dirigent les opérations du couloir. Tout se joue en chuchotements et sur la pointe des pieds.

LE MAITRE D'HÔTEL

Nous les posons également autour du lit, Madame la duchesse ?

LA DUCHESSE

Oui, oui, autour du lit, qu'en ouvrant les yeux il les voie tous en même temps.

Mme RENAUD

Ah ! si la vue de ces petits animaux pouvait le faire revenir à lui !

LA DUCHESSE

Cela peut le frapper beaucoup.

Mme RENAUD

Il aimait tant les traquer ! Il montait sur les arbres à des hauteurs vertigineuses pour mettre de la glu sur les branches.

LA DUCHESSE, *au maître d'hôtel.*

Mettez-en un sur l'oreiller, tout près de lui. Sur l'oreiller, oui, oui, sur l'oreiller.

LE MAITRE D'HÔTEL

Madame la duchesse ne craint pas qu'il ait peur en s'éveillant de voir cette bestiole si près de son visage?

LA DUCHESSE

Excellente, la peur, dans son cas, mon ami. Excellente.

Elle revient à Mme Renaud.

Ah! je ne vous cacherai pas que je suis dévorée d'inquiétude, Madame! J'ai pu calmer ces gens, hier soir, en leur disant qu'Huspar et mon petit Albert seraient ici ce matin à la première heure; mais qui sait si nous arriverons à nous en débarrasser sans dégâts?...

LE VALET DE CHAMBRE *entre.*

Les familles présumées de Monsieur Gaston viennent d'arriver, Madame la duchesse.

LA DUCHESSE

Vous voyez! Je leur avais dit neuf heures, ils sont là à neuf heures moins cinq. Ce sont des gens que rien ne fera céder.

Mme RENAUD

Où les avez-vous introduits, Victor?

LE VALET DE CHAMBRE

Dans le grand salon, Madame.

LA DUCHESSE

Ils sont autant qu'hier? C'est bien une idée de paysans de venir en groupe pour mieux se défendre.

LE VALET DE CHAMBRE

Ils sont davantage, Madame la duchesse.

LA DUCHESSE

Davantage? Comment cela?

Tableau V   87

LE VALET DE CHAMBRE

Oui, Madame la duchesse, trois de plus, mais ensemble. Un Monsieur de bonne apparence, avec un petit garçon et sa gouvernante.

LA DUCHESSE

Une gouvernante? Quel genre de gouvernante?

LE VALET DE CHAMBRE

Anglais, Madame la duchesse.

LA DUCHESSE

Ah! ce sont les Madensale!... Des gens que je crois charmants. C'est la branche anglaise de la famille qui réclame Gaston... C'est touchant de venir d'aussi loin rechercher un des siens, vous ne trouvez pas? Priez ces personnes de patienter quelques minutes, mon ami.

Mme RENAUD

Mais ces gens ne vont pas nous le reprendre avant qu'il ait parlé, n'est-ce pas, Madame?

LA DUCHESSE

N'ayez crainte. L'épreuve a commencé par vous; il faudra, qu'ils le veuillent ou non, que nous la terminions régulièrement. Mon petit Albert m'a promis d'être très ferme sur ce point. Mais d'un autre côté nous sommes obligés à beaucoup de diplomatie pour éviter le moindre scandale.

Mme RENAUD

Un scandale dont j'ai l'impression que vous vous exagérez le danger, Madame.

LA DUCHESSE

Détrompez-vous, Madame! La presse de gauche guette mon petit Albert, je le sais : j'ai mes espions. Ces gens-là vont bondir sur cette calomnie comme des molosses sur une charogne. Et cela, quel que soit mon désir de voir Gaston entrer dans une famille adorable, je ne peux pas le permettre. Comme vous êtes mère, je suis tante — avant tout.

> *Elle lui serre le bras.*

Mais croyez que j'ai le cœur brisé comme vous par tout ce que cette épreuve peut avoir de douloureux et de torturant.

> *Le valet de chambre passe près d'elle avec des écureuils empaillés. Elle le suit des yeux.*

Mais c'est ravissant une peau d'écureuil! Comment se fait-il qu'on n'ait jamais pensé à en faire des manteaux?

Mme RENAUD, *ahurie.*

Je ne sais pas.

LE VALET DE CHAMBRE

Ça doit être trop petit.

LE MAITRE D'HÔTEL *qui surveille la porte.*

Attention, Monsieur a bougé!

LA DUCHESSE

Ne nous montrons surtout pas.

> *Au maître d'hôtel.*

Ouvrez les persiennes.

> *Pleine lumière dans la chambre. Gaston a ouvert les yeux. Il voit quelque chose tout près de son visage. Il recule, se dresse sur son séant.*

GASTON

Qu'est-ce que c'est?

> *Il se voit entouré de belettes, de putois, d'écureuils empaillés, il a les yeux exorbités, il crie :*

Mais qu'est-ce que c'est que toutes ces bêtes? Qu'est-ce qu'elles me veulent?

LE MAITRE D'HÔTEL *s'avance.*

Elles sont empaillées, Monsieur. Ce sont les petites bêtes que Monsieur s'amusait à tuer. Monsieur ne les reconnaît donc pas?

GASTON *crie d'une voix rauque.*

Je n'ai jamais tué de bêtes!

Tableau V   89

Il s'est levé, le valet s'est précipité avec sa robe de chambre. Ils passent tous deux dans la salle de bains. Mais Gaston ressort et revient aussitôt aux bêtes.

Comment les prenait-il ?

LE MAÎTRE D'HÔTEL

Que Monsieur se rappelle les pièges d'acier qu'il choisissait longuement sur le catalogue de la Manufacture d'Armes et Cycles de Saint-Étienne... Pour certaines, Monsieur préférait se servir de la glu.

GASTON

Elles n'étaient pas encore mortes quand il les trouvait ?

LE MAÎTRE D'HÔTEL

Généralement pas, Monsieur. Monsieur les achevait avec son couteau de chasse. Monsieur était très adroit pour cela.

GASTON, *après un silence.*

Qu'est-ce qu'on peut faire pour des bêtes mortes ?

Il a vers elles un geste timide qui n'ose pas être une caresse, il rêve un instant.

Quelles caresses sur ces peaux tendues, séchées ? J'irai jeter des noisettes et des morceaux de pain à d'autres écureuils, tous les jours. Je défendrai, partout où la terre m'appartiendra, qu'on fasse la plus légère peine aux belettes... Mais comment consolerai-je celles-ci de la longue nuit où elles ont eu mal et peur sans comprendre, leur patte retenue dans cette mâchoire immobile ?

LE MAÎTRE D'HÔTEL

Oh ! il ne faut pas que Monsieur se peine à ce point. Ce n'est pas bien grave, des bestioles ; et puis, en somme maintenant, c'est passé.

GASTON *répète.*

C'est passé. Et même si j'étais assez puissant à présent pour rendre à jamais heureuse la race des petits animaux des bois... Vous l'avez dit : c'est passé.

Il s'en va vers la salle de bains en disant :

Pourquoi n'ai-je pas la même robe de chambre qu'hier soir?

LE MAITRE D'HÔTEL

Elle est également à Monsieur, Madame m'a recommandé de les faire essayer toutes à Monsieur, dans l'espoir que Monsieur en reconnaîtrait une.

GASTON

Qu'est-ce qu'il y a dans les poches de celle-là? Des souvenirs encore, comme hier?

LE MAITRE D'HÔTEL, *le suivant.*

Non, Monsieur. Cette fois ce sont des boules de naphtaline.

> *La porte de la salle de bains s'est refermée. La duchesse et Mme Renaud sortent de leur cachette.*

LE MAITRE D'HÔTEL *a un geste avant de sortir.*

Madame a pu entendre. Je ne crois pas que Monsieur ait rien reconnu.

Mme RENAUD, *dépitée.*

On dirait vraiment qu'il y met de la mauvaise volonté.

LA DUCHESSE

Si c'était cela, croyez que je lui parlerais très sévèrement, mais j'ai malheureusement peur que ce ne soit plus grave.

GEORGES, *entrant.*

Eh bien, il s'est réveillé?

LA DUCHESSE

Oui, mais notre petite conspiration n'a rien donné.

Mme RENAUD

Il a eu l'air péniblement surpris de voir les dépouilles de ces bêtes, mais c'est tout.

Tableau V   91

GEORGES

Est-ce que vous voulez me laisser un moment, je voudrais essayer de lui parler.

Mme RENAUD

Puisses-tu réussir, Georges! Moi, je commence à perdre l'espoir.

GEORGES

Il ne faut pas, voyons, maman, il ne faut pas. Il faut espérer jusqu'au bout au contraire. Espérer contre l'évidence même.

Mme RENAUD, *un peu pincée.*

Son attitude est vraiment lassante. Tu veux que je te dise? Il me semble qu'il me fait la tête comme autrefois...

GEORGES

Mais puisqu'il ne t'a même pas reconnue...

Mme RENAUD

Oh! il avait un si mauvais caractère! Amnésique ou non, pourquoi veux-tu qu'il ne l'ait plus?

LA DUCHESSE, *s'en allant avec elle.*

Je crois que vous exagérez son animosité contre vous, Madame. En tout cas, je n'ai pas de conseil à vous donner, mais je voulais vous dire que je trouve votre façon d'agir un peu trop froide. Vous êtes mère, que diable! soyez pathétique. Roulez-vous à ses pieds, criez.

Mme RENAUD

Voir Jacques reprendre sa place ici est mon plus cher désir, Madame; mais je ne saurais vraiment aller jusque-là. Surtout après ce qui s'est passé.

LA DUCHESSE

C'est dommage. Je suis sûre que cela le frapperait beaucoup. Moi, si l'on voulait me prendre mon petit Albert, je sens que je deviendrais redoutable comme une bête sauvage. Vous ai-je raconté que, lorsqu'on l'a

refusé à son bachot, je me suis pendue à la barbe du
doyen de la faculté?

> *Elles sont sorties. Georges a frappé pendant ce temps
> à la porte de la chambre, puis il est entré, timide.*

GEORGES

Je peux te parler, Jacques?

LA VOIX DE GASTON, *de la salle de bains.*

Qui est là, encore? J'avais demandé que personne ne
vienne. Je ne peux donc même pas me laver sans qu'on
me harcèle de questions, sans qu'on me flanque des
souvenirs sous le nez?

LE VALET DE CHAMBRE, *entrouvrant la porte.*

Monsieur est dans son bain, Monsieur.

> *A Gaston invisible.*

C'est Monsieur, Monsieur.

LA VOIX DE GASTON, *encore bourrue, mais radoucie.*

Ah! c'est vous?

GEORGES, *au valet de chambre.*

Laissez-nous un instant, Victor.

> *Il sort. Georges se rapproche de la porte.*

Je te demande pardon, Jacques... Je comprends bien
qu'à la longue nous t'agaçons avec nos histoires... Mais
ce que je veux te dire est important tout de même... Si
cela ne t'ennuie pas trop, je voudrais bien que tu me
permettes...

LA VOIX DE GASTON, *de la salle de bains.*

Quelle saleté avez-vous encore trouvée dans le passé
de votre frère pour me la coller sur les épaules?

GEORGES

Mais ce n'est pas une saleté, Jacques, au contraire,
ce sont des réflexions, des réflexions que je voudrais te
communiquer, si tu le permets.

> *Il hésite une seconde et commence.*

Tableau V   93

Tu comprends, sous prétexte qu'on est un honnête
homme, qu'on l'a toujours été, qu'on n'a jamais rien
fait de mal (ce qui est bien facile après tout pour certains), on se croit tout permis... On parle aux autres du
haut de sa sérénité... On fait des reproches, on se plaint...

> *Il demande brusquement.*

Tu ne m'en veux pas d'hier?

> *La réponse vient, bourrue comme l'autre, et comme à
> regret, en retard d'une seconde.*

LA VOIX DE GASTON

De quoi?

GEORGES

Mais de tout ce que je t'ai raconté en exagérant, en
me posant en victime. De cette sorte de chantage que
je t'ai fait avec ma pauvre histoire...

> *On entend un bruit dans la salle de bains. Georges,
> épouvanté, se lève.*

Attends, attends, ne sors pas tout de suite de la salle
de bains, laisse-moi finir, j'aime mieux. Si je t'ai devant
moi, je vais reprendre mon air de frère, et je n'en sor-
tirai plus... Tu comprends, Jacques, j'ai bien réfléchi
cette nuit; ce qui s'est passé a été horrible, bien sûr,
mais tu étais un enfant et elle aussi, n'est-ce pas? Et
puis, à Dinard, avant notre mariage, c'était plutôt avec
toi qu'elle avait envie de se promener, vous vous aimiez
peut-être avant, tous les deux, comme deux pauvres
gosses qui ne peuvent rien... Je suis arrivé entre vous
avec mes gros sabots, ma situation, mon âge... J'ai joué
les fiancés sérieux... sa tante a dû la pousser à accepter
ma demande... Enfin ce que j'ai pensé cette nuit, c'est
que je n'avais pas le droit de te les faire, ces reproches,
et que je les retire tous. Là.

> *Il tombe assis, il n'en peut plus. Gaston est sorti
> de la salle de bains, il va doucement à lui et lui posant
> la main sur l'épaule.*

GASTON

Comment avez-vous pu aimer à ce point cette petite
fripouille, cette petite brute?

GEORGES

Que voulez-vous ? c'était mon frère.

GASTON

Il n'a rien fait comme un frère. Il vous a volé, il vous a trompé... Vous auriez haï votre meilleur ami s'il avait agi de la sorte.

GEORGES

Un ami, ce n'est pas pareil, c'était mon frère...

GASTON

Et puis comment pouvez-vous souhaiter de le voir revenir, même vieilli, même changé, entre votre femme et vous ?

GEORGES, *simplement.*

Qu'est-ce que tu veux, même si c'était un assassin, il fait partie de la famille, sa place est dans la famille.

GASTON *répète, après un temps.*

Il fait partie de la famille, sa place est dans la famille. Comme c'est simple !

Il dit pour lui.

Il se croyait bon, il ne l'est pas ; honnête, il ne l'est guère. Seul au monde et libre, en dépit des murs de l'asile — le monde est peuplé d'êtres auxquels il a donné des gages et qui l'attendent — et ses plus humbles gestes ne peuvent être que des prolongements de gestes anciens. Comme c'est simple !

Il prend Georges par le bras brutalement.

Pourquoi êtes-vous venu me raconter votre histoire par-dessus le marché ? Pourquoi êtes-vous venu me jeter votre affection au visage ? Pour que ce soit plus simple encore, sans doute ?

Il est tombé assis sur son lit, étrangement las.

Vous avez gagné.

GEORGES, *éperdu.*

Mais, Jacques, je ne comprends pas tes reproches...

Tableau V   95

Je suis venu te dire cela péniblement, crois-moi, pour te
faire un peu chaud, au contraire, dans la solitude que tu
as dû découvrir depuis hier autour de toi.

GASTON

Cette solitude n'était pas ma pire ennemie...

GEORGES

Tu as peut-être surpris des regards de domestiques,
une gêne autour de toi. Il ne faut pas que tu croies
quand même que personne ne t'aimait... Maman...

Gaston le regarde, il se trouble.

Et puis, enfin, surtout, moi, je t'aimais bien.

GASTON

A part vous?

GEORGES

Mais...

Il est gêné.

Qu'est-ce que tu veux... Valentine sans doute.

GASTON

Elle a été amoureuse de moi, ce n'est pas la même
chose... Il n'y a que vous.

GEORGES *baisse la tête.*

Peut-être, oui.

GASTON

Pourquoi? Je ne peux pas arriver à comprendre pourquoi.

GEORGES, *doucement.*

Vous n'avez jamais rêvé d'un ami qui aurait été
d'abord un petit garçon que vous auriez promené par
la main? Vous qui aimez l'amitié, songez quelle aubaine
cela peut être pour elle un ami assez neuf pour qu'il doive
tenir de vous le secret des premières lettres de l'alphabet,
des premiers coups de pédale à bicyclette, des premières

brasses dans l'eau. Un ami assez fragile pour qu'il
ait tout le temps besoin de vous pour le défendre...

GASTON, *après un temps.*

J'étais tout petit quand votre père est mort?

GEORGES

Tu avais deux ans.

GASTON

Et vous?

GEORGES

Quatorze... Il a bien fallu que je m'occupe de toi. Tu
étais si petit.

Un temps, il lui dit sa vraie excuse.

Tu as toujours été si petit pour tout. Pour l'argent
que nous t'avons donné trop tôt comme des imbéciles,
pour la dureté de maman, pour ma faiblesse à moi aussi,
pour ma maladresse. Cet orgueil, cette violence contre
lesquels tu te débattais déjà à deux ans, c'étaient des
monstres dont tu étais innocent et dont c'était à nous
de te sauver. Non seulement nous n'avons pas su le
faire, mais encore nous t'avons accusé; nous t'avons
laissé partir tout seul pour le front... Avec ton fusil, ton
sac, ta boîte à masque, tes deux musettes, tu devais
être un si petit soldat sur le quai de la gare!

GASTON *hausse les épaules.*

J'imagine que ceux qui avaient de grosses moustaches
et l'air terrible étaient de tout petits soldats, eux aussi,
à qui on allait demander quelque chose au-dessus de
leurs forces...

GEORGES *crie presque douloureusement.*

Oui, mais toi, tu avais dix-huit ans! Et après les
langues mortes et la vie décorative des conquérants,
la première chose que les hommes allaient exiger de
toi, c'était de nettoyer des tranchées avec un couteau
de cuisine.

Tableau V   97

GASTON *a un rire qui sonne faux.*

Et après? Donner la mort, cela me paraît pour un jeune homme une excellente prise de contact avec la vie.

LE MAITRE D'HÔTEL *paraît.*

Madame la duchesse prie Monsieur de bien vouloir venir la rejoindre au grand salon dès que Monsieur sera prêt.

GEORGES *s'est levé.*

Je vous laisse. Mais, s'il vous plaît, malgré tout ce qu'on a pu vous dire, ne le détestez pas trop, ce Jacques... Je crois que c'était surtout un pauvre petit.

Il sort. Le maître d'hôtel est resté avec Gaston et l'aide à s'habiller.

GASTON *lui demande brusquement.*

Maître d'hôtel?

LE MAITRE D'HÔTEL

Monsieur?

GASTON

Vous n'avez jamais tué quelqu'un?

LE MAITRE D'HÔTEL

Monsieur veut sans doute plaisanter. Monsieur pense bien que si j'avais tué quelqu'un je ne serais plus au service de Madame.

GASTON

Même pendant la guerre? Un brusque tête-à-tête en sautant dans un abri pendant la seconde vague d'assaut?

LE MAITRE D'HÔTEL

J'ai fait la guerre comme caporal d'habillement, et je dois dire à Monsieur que dans l'intendance nous avions assez peu d'occasions.

GASTON, *immobile, tout pâle et très doucement.*

Vous avez de la chance, maître d'hôtel. Parce que

c'est une épouvantable sensation d'être en train de tuer quelqu'un pour vivre.

LE MAITRE D'HÔTEL *se demande*
s'il doit rire ou non.

Monsieur le dit bien, épouvantable! Surtout pour la victime.

GASTON

Vous vous trompez, maître d'hôtel. Tout est affaire d'imagination. Et la victime a souvent beaucoup moins d'imagination que l'assassin.

Un temps.

Parfois, elle n'est même qu'une ombre dans un songe de l'assassin.

LE MAITRE D'HÔTEL

Dans ce cas, je comprends qu'elle souffre peu. Monsieur.

GASTON

Mais l'assassin, lui, en revanche, a le privilège des deux souffrances. Vous aimez vivre, maître d'hôtel?

LE MAITRE D'HÔTEL

Comme tout un chacun, Monsieur.

GASTON

Imaginez que, pour vivre, il vous faille plonger à jamais dans le néant un jeune homme. Un jeune homme de dix-huit ans... Un petit orgueilleux, une petite fripouille, mais tout de même... un pauvre petit. Vous serez libre, maître d'hôtel, l'homme le plus libre du monde, mais, pour être libre, il vous faut laisser ce petit cadavre innocent derrière vous. Qu'allez-vous faire?

LE MAITRE D'HÔTEL

J'avoue à Monsieur que je ne me suis pas posé la question. Mais je dois dire également que, si j'en crois les romans policiers, il ne faut jamais laisser le cadavre derrière soi.

Tableau V   99

GASTON *éclate soudain de rire.*

Mais si personne — hors l'assassin — ne peut voir
le cadavre?

Il va à lui et gentiment.

Tenez, maître d'hôtel. C'est fait. Il est là à vos pieds.
Le voyez-vous?

> *Le maître d'hôtel regarde ses pieds, fait un saut de
> côté, regarde autour de lui et se sauve, épouvanté, aussi
> vite que sa dignité le permet. Valentine paraît rapide-
> ment dans le couloir. Elle court à la chambre.*

VALENTINE

Que me dit Georges? Tu ne leur as rien dit encore?
Je n'ai pas voulu entrer la première dans ta chambre
ce matin, mais je croyais qu'ils allaient m'appeler avec
une bonne nouvelle. Pourquoi ne leur as-tu pas dit?

Gaston la regarde sans rien dire.

Mais enfin, ne me fais pas devenir folle! Cette cicatrice, tu l'as vue hier, j'en suis sûre, dans une glace?

GASTON, *doucement, sans cesser de la regarder.*

Je n'ai vu aucune cicatrice.

VALENTINE

Qu'est-ce que tu dis?

GASTON

Je dis que j'ai regardé très attentivement mon dos
et que je n'ai vu aucune cicatrice. Vous avez dû vous
tromper.

VALENTINE *le regarde un instant, abasourdie,
puis comprend et crie soudain.*

Oh! je te déteste! Je te déteste!...

GASTON, *très calme.*

Je crois que cela vaut mieux.

VALENTINE

Mais est-ce que tu te rends compte seulement de ce
que tu es en train de faire?

GASTON

Oui. Je suis en train de refuser mon passé et ses personnages — moi compris. Vous êtes peut-être ma famille, mes amours, ma véridique histoire. Oui, mais seulement, voilà... vous ne me plaisez pas. Je vous refuse.

VALENTINE

Mais tu es fou! Mais tu es un monstre! On ne peut pas refuser son passé. On ne peut pas se refuser soi-même...

GASTON

Je suis sans doute le seul homme, c'est vrai, auquel le destin aura donné la possibilité d'accomplir ce rêve de chacun... Je suis un homme et je peux être, si je veux, aussi neuf qu'un enfant! C'est un privilège dont il serait criminel de ne pas user. Je vous refuse. Je n'ai déjà depuis hier que trop de choses à oublier sur mon compte.

VALENTINE

Et mon amour, à moi, qu'est-ce que tu en fais? Lui non plus, sans doute, tu n'as pas la curiosité de le connaître?

GASTON

Je ne vois de lui, en ce moment, que la haine de vos yeux... C'est sans doute un visage de l'amour dont seul un amnésique peut s'étonner! En tout cas, il est bien commode. Je ne veux pas en voir un autre. Je suis un amant qui ne connaît pas l'amour de sa maîtresse — un amant qui ne se souvient pas du premier baiser, de la première larme — un amant qui n'est le prisonnier d'aucun souvenir, qui aura tout oublié demain. Cela aussi, c'est une aubaine assez rare... J'en profite.

VALENTINE

Et si j'allais le crier, moi, partout, que je reconnais cette cicatrice?

GASTON

J'ai envisagé cette hypothèse. Au point de vue amour :

Tableau V   101

je crois que l'ancienne Valentine l'aurait déjà fait depuis longtemps et que c'est un signe assez consolant que vous soyez devenue prudente... Au point de vue légal : vous êtes ma belle-sœur, vous vous prétendez ma maîtresse... Quel tribunal accepterait de prendre une décision aussi grave sur ce louche imbroglio d'alcôve dont vous seule pouvez parler?

VALENTINE, *pâle, les dents serrées.*

C'est bien. Tu peux être fier. Mais ne crois pas que, tout ton fatras d'amnésie mis à part, ta conduite soit bien surprenante pour un homme... Je suis même sûre qu'au fond tu dois être assez faraud de ton geste. C'est tellement flatteur de refuser une femme qui vous a attendu si longtemps! Eh bien, je te demande pardon de la peine que je vais te faire, mais, tu sais... j'ai tout de même eu d'autres amants depuis la guerre.

GASTON *sourit.*

Je vous remercie. Ce n'est pas une peine...

Dans le couloir paraissent le maître d'hôtel et le valet de chambre. A leur mimique, on comprend qu'ils ont pensé qu'il valait mieux être deux pour aborder Gaston.

LE VALET DE CHAMBRE, *du seuil.*

Madame la duchesse Dupont-Dufort me prie de dire à Monsieur qu'il se dépêche et qu'il veuille bien la rejoindre au plus tôt au grand salon parce que les familles de Monsieur s'impatientent.

Gaston n'a pas bougé, les domestiques disparaissent.

VALENTINE *éclate de rire.*

Tes familles, Jacques! Ah! c'est bête, j'ai envie de rire... Parce qu'il y a une chose que tu oublies : c'est que, si tu refuses de venir avec nous, il va falloir que tu ailles avec elles de gré ou de force. Tu vas devoir aller coucher dans les draps de leur mort, endosser les gilets de flanelle de leur mort, ses vieilles pantoufles pieusement gardées... Tes familles s'impatientent... Allons, viens, toi qui as si peur de ton passé, viens voir ces têtes de petits bourgeois et de paysans, viens te demander quels passés de calculs et d'avarice ils ont à te proposer.

GASTON

Il leur serait difficile de faire mieux que vous, en tout cas.

VALENTINE

Tu crois? Ces cinq cent mille francs escroqués et dépensés en rires et en fêtes te paraîtront peut-être bien légers à côté de certaines histoires de mur mitoyen et de bas de laine... Allons, viens, puisque tu ne nous veux pas, tu te dois à tes autres familles maintenant.

Elle veut l'entraîner, il résiste.

GASTON

Non, je n'irai pas.

VALENTINE

Ah? Et que vas-tu faire?

GASTON

M'en aller.

VALENTINE

Où?

GASTON

Quelle question! N'importe où.

VALENTINE

C'est un mot d'amnésique. Nous autres, qui avons notre mémoire, nous savons qu'on est toujours obligé de choisir une direction dans les gares et qu'on ne va jamais plus loin que le prix de son billet... Tu as à choisir entre la direction de Blois et celle d'Orléans. C'est te dire que si tu avais de l'argent le monde s'ouvrirait devant toi! Mais tu n'as pas un sou en poche, qu'est-ce que tu vas faire?

GASTON

Déjouer vos calculs. Partir à pied, à travers champs, dans la direction de Châteaudun.

Tableau V 103

VALENTINE

Tu te sens donc si libre depuis que tu t'es débarrassé de nous? Mais pour les gendarmes tu n'es qu'un fou échappé d'un asile. On t'arrêtera.

GASTON

Je serai loin. Je marche très vite.

VALENTINE *lui crie en face.*

Crois-tu que je ne donnerais pas l'alarme si tu faisais un pas hors de cette chambre?

Il est allé soudain à la fenêtre.

Tu es ridicule, la fenêtre est trop haute et ce n'est pas une solution.

Il s'est retourné vers elle comme une bête traquée.
Elle le regarde et lui dit doucement.

Tu te débarrasseras peut-être de nous, mais pas de l'habitude de faire passer tes pensées une à une dans tes yeux... Non, Jacques, même si tu me tuais pour gagner une heure de fuite, tu serais pris.

Il a baissé la tête, acculé dans un coin de la chambre.

Et puis, tu sais bien que ce n'est pas seulement moi qui te traque et veux te garder. Mais toutes les femmes, tous les hommes... Jusqu'aux morts bien pensants qui sentent obscurément que tu es en train d'essayer de leur brûler la politesse... On n'échappe pas à tant de monde, Jacques. Et, que tu le veuilles ou non, il faudra que tu appartiennes à quelqu'un ou que tu retournes dans ton asile.

GASTON, *sourdement.*

Eh bien, je retournerai dans mon asile.

VALENTINE

Tu oublies que j'y ai été lingère tout un jour, dans ton asile! que je t'y ai vu bêchant bucoliquement les salades peut-être, mais aussi aidant à vider les pots, à faire la vaisselle; bousculé par les infirmiers auxquels tu quémandais une pincée de tabac pour ta pipe... Tu fais le fier avec nous: tu nous parles mal, tu nous railles,

mais sans nous tu n'es qu'un petit garçon impuissant
qui n'a pas le droit de sortir seul et qui doit se cacher
dans les cabinets pour fumer.

GASTON *a un geste quand elle a fini.*

Allez-vous-en, maintenant. Il ne me reste pas le plus
petit espoir : vous avez joué votre rôle.

*Elle est sortie sans un mot. Gaston reste seul, jette un
regard lassé dans sa chambre ; il s'arrête devant son
armoire à glace, se regarde longtemps. Soudain, il prend
un objet sur la table, près de lui, sans quitter son image
des yeux, et il le lance à toute volée dans la glace qui
s'écroule en morceaux. Puis il s'en va s'asseoir sur son
lit, la tête dans ses mains. Un silence, puis doucement la
musique commence, assez triste d'abord, puis peu à peu,
malgré Gaston, malgré nous, plus allègre. Au bout
d'un moment, un petit garçon habillé en collégien d'Eton
ouvre la porte de l'antichambre, jette un coup d'œil
fureteur, puis referme soigneusement la porte et s'aventure dans le couloir sur la pointe des pieds. Il ouvre toutes
les portes qu'il trouve sur son passage et jette un coup
d'œil interrogateur à l'intérieur des pièces. Arrivé à la
porte de la chambre, même jeu. Il se trouve devant Gaston,
qui lève la tête, étonné par cette apparition.*

LE PETIT GARÇON

Je vous demande pardon, Monsieur. Mais vous pourrez peut-être me renseigner. Je cherche le petit endroit.

GASTON, *qui sort d'un rêve.*

Le petit endroit ? Quel petit endroit ?

LE PETIT GARÇON

Le petit endroit où on est tranquille.

GASTON *comprend, le regarde,*
puis soudain éclate d'un bon rire, malgré lui.

Comme cela se trouve !... Figurez-vous que, moi aussi,
je le cherche en ce moment le petit endroit où on est
tranquille...

Tableau V   105

LE PETIT GARÇON

Je me demande bien alors à qui nous allons pouvoir le demander.

GASTON *rit encore.*

Je me le demande aussi.

LE PETIT GARÇON

En tout cas, si vous restez là, vous n'avez vraiment pas beaucoup de chances de le trouver.

Il aperçoit les débris de la glace.

Oh! là là. C'est vous qui avez cassé la glace?

GASTON

Oui, c'est moi.

LE PETIT GARÇON

Je comprends alors que vous soyez très ennuyé. Mais, croyez-moi, vous feriez mieux de le dire carrément. Vous êtes un Monsieur, on ne peut pas vous faire grand-chose. Mais, vous savez, on dit que cela porte malheur.

GASTON

On le dit, oui.

LE PETIT GARÇON, *s'en allant.*

Je m'en vais voir dans les couloirs si je rencontre un domestique... Dès qu'il m'aura donné le renseignement, je reviendrai vous expliquer où il se trouve...

Gaston le regarde.

... le petit endroit que nous cherchons tous les deux.

GASTON *sourit et le rappelle.*

Écoutez, écoutez... Votre petit endroit où on est tranquille, à vous, est beaucoup plus facile à trouver que le mien. Vous en avez un là, dans la salle de bains.

LE PETIT GARÇON

Je vous remercie beaucoup, Monsieur.

Il entre dans la salle de bains, la musique a repris son

petit thème moqueur. Le petit garçon revient au bout de
quelques secondes. Gaston n'a pas bougé.

Maintenant, il faut que je retourne au salon. C'est
par là?

GASTON

Oui, c'est par là. Vous êtes avec les familles?

LE PETIT GARÇON

Oui. C'est plein de gens de tout acabit qui viennent
pour essayer de reconnaître un amnésique de la guerre.
Moi aussi, je viens pour cela. Nous avons fait précipitamment le voyage en avion, parce qu'il paraît qu'il y
a une manœuvre sous roche. Enfin moi, vous savez, je
n'ai pas très bien compris. Il faudra en parler à l'oncle
Job. Vous avez déjà été en avion?

GASTON

De quelle famille faites-vous partie?

LE PETIT GARÇON

Madensale.

GASTON

Madensale... Ah! oui... Madensale, les Anglais... Je
vois le dossier, très bien. Degré de parenté : oncle...
C'est même moi qui ai recopié l'étiquette. Il y a un
oncle sans doute chez les Madensale.

LE PETIT GARÇON

Oui, Monsieur...

GASTON

L'oncle Job, c'est vrai. Eh bien, vous direz à l'oncle
Job que, si j'ai un conseil à lui donner, c'est de ne pas
avoir trop d'espoir au sujet de son neveu.

LE PETIT GARÇON

Pourquoi me dites-vous cela, Monsieur?

GASTON

Parce qu'il y a beaucoup de chances pour que le

Tableau V   107

neveu en question ne reconnaisse jamais l'oncle Job.

LE PETIT GARÇON

Mais il n'y a aucune raison pour qu'il le reconnaisse, Monsieur. Ce n'est pas l'oncle Job qui recherche son neveu.

GASTON

Ah! il y a un autre oncle Madensale?

LE PETIT GARÇON

Bien sûr, Monsieur. Et c'est même un peu drôle, au fond... L'oncle Madensale, c'est moi.

GASTON, *ahuri.*

Comment c'est vous? Vous voulez dire votre père?

LE PETIT GARÇON

Non, non. Moi-même. C'est même très ennuyeux, vous le pensez bien, pour un petit garçon d'être l'oncle d'une grande personne. J'ai mis longtemps à comprendre d'ailleurs et à m'en convaincre. Mais mon grand-père a eu des enfants très tard, alors voilà, cela s'est fait comme cela. Je suis né vingt-six ans après mon neveu.

GASTON *éclate franchement de rire et l'attire sur ses genoux.*

Alors c'est vous l'oncle Madensale?

LE PETIT GARÇON

Oui, c'est moi. Mais il ne faut pas trop se moquer, je n'y peux rien.

GASTON

Mais, alors, cet oncle Job dont vous parliez...

LE PETIT GARÇON

Oh! c'est un ancien ami de papa qui est mon avocat pour toutes mes histoires de succession. Alors, n'est-ce pas, comme cela m'est tout de même difficile de l'appeler cher maître, je l'appelle oncle Job.

GASTON

Mais comment se fait-il que vous soyez seul à repré-
senter les Madensale?

LE PETIT GARÇON

C'est à la suite d'une épouvantable catastrophe. Vous
avez peut-être entendu parler du naufrage du « Nep-
tunia »?

GASTON

Oui. Il y a longtemps.

LE PETIT GARÇON

Eh bien, toute ma famille était partie dessus en croisière.

Gaston le regarde, émerveillé.

GASTON

Alors tous vos parents sont morts?

LE PETIT GARÇON, *gentiment.*

Oh! mais, vous savez, il ne faut pas me regarder
comme cela. Ce n'est pas tellement triste. J'étais encore
un très petit baby à l'époque de la catastrophe... A vrai
dire je ne m'en suis même pas aperçu

*GASTON l'a posé par terre, il le considère,
puis lui tape sur l'épaule.*

Petit oncle Madensale, vous êtes un grand person-
nage sans le savoir!

LE PETIT GARÇON

Je joue déjà très bien au cricket, vous savez. Vous
jouez, vous?

GASTON

Ce que je ne comprends pas, c'est pourquoi l'oncle
Job vient du fond de l'Angleterre chercher un neveu
pour son petit client. Un neveu qui va plutôt lui compli-
quer son affaire, j'imagine.

Tableau V 109

LE PETIT GARÇON

Oh! c'est parce que vous n'êtes pas au courant des successions. C'est très compliqué, mais je crois comprendre que si nous ne le retrouvons pas, notre neveu, la plus grande partie de mon argent nous passe sous le nez. Cela m'ennuie beaucoup parce que, parmi les héritages en question, il y a une très belle maison dans le Sussex avec des poneys superbes... Vous aimez monter à cheval?

GASTON, *soudain rêveur*.

Alors l'oncle Job doit avoir une bien grande envie de retrouver votre neveu?

LE PETIT GARÇON

Vous pensez! Pour moi... et pour lui. Parce qu'il ne me l'a pas avoué, mais ma gouvernante m'a dit qu'il avait un pourcentage sur toutes mes affaires.

GASTON

Ah! bon. Et quel genre d'homme est-ce, cet oncle Job?

LE PETIT GARÇON, *les yeux bien clairs*.

Un Monsieur plutôt rond, avec des cheveux blancs...

GASTON

Non, ce n'est pas cela que je veux dire. C'est d'ailleurs un renseignement que vous ne pouvez pas me donner. Où est-il en ce moment?

LE PETIT GARÇON

Il fume sa pipe dans le jardin. Il n'a pas voulu rester avec les autres à attendre dans le salon.

GASTON

Bon. Vous pouvez me conduire auprès de lui?

LE PETIT GARÇON

Si vous voulez.

GASTON *sonne. Au valet de chambre qui entre.*

Voulez-vous prévenir Madame la duchesse Dupont-
Dufort que j'ai une communication capitale, vous entendez bien : capitale, à lui faire. Qu'elle veuille bien avoir
l'obligeance de venir ici.

LE VALET DE CHAMBRE

Une communication capitale. Bien, Monsieur peut
compter sur moi.

Il sort, très surexcité, en murmurant.

Capitale.

GASTON *entraîne le petit garçon
vers la porte opposée.*

Passons par là.

Arrivé à la porte, il s'arrête et lui demande.

Dites donc, vous êtes bien sûr qu'ils sont tous morts
dans votre famille ?

LE PETIT GARÇON

Tous. Même les amis intimes qu'on avait invités au
grand complet à cette croisière.

GASTON

C'est parfait.

*Il le fait passer devant lui et sort. La musique
reprend, moqueuse. La scène reste vide un instant, puis
la duchesse entre, suivie du valet de chambre.*

LA DUCHESSE

Comment, il veut me voir ? Mais il sait pourtant que
je l'attends moi-même depuis un quart d'heure. Une
communication, vous a-t-il dit ?

LE VALET DE CHAMBRE

Capitale.

LA DUCHESSE, *dans la chambre vide.*

Eh bien, où est-il ?

Tableau V 111

*Gaston, suivi de l'oncle Job et du petit garçon, entre
solennellement dans la chambre. Trémolo à l'orchestre
ou quelque chose comme ça.*

GASTON

Madame la duchesse, je vous présente Maître Picwick,
solicitor de la famille Madensale, dont voici l'unique
représentant. Maître Picwick vient de m'apprendre une
chose extrêmement troublante : il prétend que le neveu
de son client possédait, à deux centimètres sous l'omoplate gauche, une légère cicatrice qui n'était connue de
personne. C'est une lettre, retrouvée par hasard dans un
livre, qui lui en a dernièrement fait savoir l'existence.

PICWICK

Lettre que je tiens d'ailleurs à la disposition des
autorités de l'asile, Madame, dès mon retour en Angleterre.

LA DUCHESSE

Mais enfin cette cicatrice, Gaston, vous ne l'avez
jamais vue ? Personne ne l'a jamais vue, n'est-ce pas ?

GASTON

Personne.

PICWICK

Mais elle est si petite, Madame, que j'ai pensé qu'elle
avait pu passer jusqu'ici inaperçue.

GASTON, *sortant sa veste.*

L'expérience est simple. Voulez-vous regarder ?

*Il tire sa chemise, la duchesse prend son face-à-main,
Mᵉ Picwick ses grosses lunettes. Tout en leur présentant son dos, il se penche vers le petit garçon.*

LE PETIT GARÇON

Vous l'avez, au moins, cette cicatrice ? Je serais désolé
que ce ne soit pas vous.

GASTON

N'ayez crainte. C'est moi... Alors, c'est vrai que vous

ne vous rappelez rien de votre famille... Même pas un visage? même pas une petite histoire?

LE PETIT GARÇON

Aucune histoire. Mais si cela vous ennuie, peut-être que je pourrais tâcher de me renseigner.

GASTON

N'en faites rien.

LA DUCHESSE, *qui lui regardait le dos, crie soudain.*

La voilà! La voilà! Ah! mon Dieu, la voilà!

PICWICK, *qui cherchait aussi.*

C'est exact, la voilà!

LA DUCHESSE

Ah! embrassez-moi, Gaston... Il faut que vous m'embrassiez, c'est une aventure merveilleuse!

PICWICK, *sans rire.*

Et tellement inattendue...

LA DUCHESSE *tombe, assise.*

C'est effrayant, je vais peut-être m'évanouir!

GASTON, *la relevant, avec un sourire.*

Je ne le crois pas.

LA DUCHESSE

Moi non plus! Je vais plutôt téléphoner à Pont-au-Bronc. Mais dites-moi, Monsieur Madensale, il y a une chose que je voudrais tant savoir : au dernier abcès de fixation, mon petit Albert vous a fait dire « Foutriquet » dans votre délire. Est-ce un mot qui vous rattache maintenant à votre ancienne vie?...

GASTON

Chut! Ne le répétez à personne. C'est lui que j'appelais ainsi.

Tableau V 113

LA DUCHESSE, *horrifiée.*

Oh! mon petit Albert!

> *Elle hésite un instant, puis se ravise.*

Mais cela ne fait rien, je vous pardonne...

> *Elle s'est tournée vers Picwick, minaudante.*

Je comprends maintenant que c'était l'humour anglais.

PICWICK

Lui-même!

LA DUCHESSE, *qui y pense soudain.*

Mais, pour ces Renaud, quel coup épouvantable! Comment leur annoncer cela?

GASTON, *allégrement.*

Je vous en charge! J'aurai quitté cette maison dans cinq minutes sans les revoir.

LA DUCHESSE

Vous n'avez même pas une commission pour eux?

GASTON

Non. Pas de commission. Si, pourtant...

> *Il hésite.*

... Vous direz à Georges Renaud que l'ombre légère de son frère dort sûrement quelque part dans une fosse commune en Allemagne. Qu'il n'a jamais été qu'un enfant digne de tous les pardons, un enfant qu'il peut aimer sans crainte, maintenant, de jamais rien lire de laid sur son visage d'homme. Voilà! Et maintenant...

> *Il ouvre la porte toute grande, leur montre gentiment le chemin. Il tient le petit garçon contre lui.*

Laissez-moi seul avec ma famille. Il faut que nous confrontions nos souvenirs...

> *Musique triomphante. La duchesse sort avec Me Picwick.*

Le bal des voleurs

COMÉDIE-BALLET

PERSONNAGES

PETERBONO
GUSTAVE } *voleurs.*
HECTOR

LORD EDGARD

LADY HURF

JULIETTE
ÉVA } *ses nièces.*

DUPONT-DUFORT PÈRE
DUPONT-DUFORT FILS } *financiers.*

LE CRIEUR PUBLIC

LES AGENTS DE POLICE

LA NOURRICE

LA PETITE FILLE

LE MUSICIEN

PREMIER TABLEAU

Le jardin d'une ville d'eaux de style très 1880, autour du kiosque à musique.

Dans le kiosque un seul musicien, un clarinettiste, figurera l'orchestre. Au lever du rideau il joue quelque chose d'extrêmement brillant.

La chaisière va et vient. Les estivants se promènent sur le rythme de la musique. Au premier plan, Éva et Hector unis dans un baiser très cinéma.

La musique s'arrête, le baiser aussi. Hector en sort un peu titubant. On applaudit la fin du morceau.

HÉCTOR, *confus.*

Attention, on nous applaudit.

ÉVA *éclate de rire.*

Mais non, c'est l'orchestre! Décidément vous me plaisez beaucoup.

HECTOR, *qui touche malgré lui*
ses moustaches et sa perruque.

Qu'est-ce qui vous plaît en moi?

ÉVA

Tout.

Elle lui fait un petit bonjour.

Ne restons pas là, c'est dangereux. A ce soir, huit

heures, au bar du Phœnix. Et surtout si vous me rencontrez avec ma tante, vous ne me reconnaissez pas.

HECTOR, *langoureux.*

Votre main encore.

ÉVA

Attention, lord Edgard, le vieil ami de ma tante, est
en train de lire son journal devant le kiosque à musique.
Il va nous voir.

> *Elle tend sa main, mais elle s'est détournée pour
> observer lord Edgard.*

HECTOR, *passionné.*

Je veux respirer votre main.

> *Il se penche sur sa main, mais tire subrepticement de
> sa poche une loupe de bijoutier et en profite pour examiner
> les bagues de plus près. Éva a retiré sa main sans rien
> voir.*

ÉVA

A ce soir !

> *Elle s'éloigne.*

HECTOR, *défaillant.*

Mon amour...

> *Il redescend sur scène, rangeant son outil et murmu-
> rant très froid.*

Deux cent mille. Ce n'est pas du toc.

> *A ce moment entre le crieur public avec son tambour
> On s'est massé autour de lui. On écoute.*

LE CRIEUR PUBLIC

Ville de Vichy. La municipalité, soucieuse de la sécurité et du bien-être des malades et des baigneurs, les
met en garde et les informe : que nombre de plaintes
ont été déposées par les estivants tant à la mairie qu'au
commissariat central, place du Marché. Une dangereuse
bande de pilpockets...

Tableau I 121

Il a prononcé difficilement ce mot, la clarinette le sou-
ligne, il se détourne furieux.

Qu'une dangereuse bande de...

Il bute encore sur le mot, c'est la clarinette qui le
joue...

est en ce moment dans nos murs. La police municipale
est alertée... Tant en civil qu'en uniforme, les agents
de la force publique veillent sur les estivants...

En effet, suivant un gracieux trajet à travers la foule,
des agents entrecroisent leurs sinuosités pendant qu'il
parle.

Cependant chacun est invité à observer la plus grande
prudence, particulièrement sur la voie publique, dans
les parcs et tous autres lieux fréquentés. Une prime en
nature est offerte par le Syndicat d'initiative à qui donnera un indice permettant l'arrestation des voleurs... Et
qu'on se le dise!...

Roulement de tambour. Pendant qu'il lisait, Hector lui
a subtilisé son énorme oignon de cuivre et son gros porte-
monnaie. La foule se disperse, on entend le roulement de
tambour et la harangue qui reprennent au loin. Hector a
été s'asseoir au premier plan. La chaisière s'avance.

LA CHAISIÈRE

Un ticket, Monsieur, pour votre fauteuil?

HECTOR, *magnanime.*

Puisque c'est l'usage.

LA CHAISIÈRE

C'est soixante-cinq centimes.

Pendant qu'il cherche sa monnaie, la chaisière lui vole
son portefeuille, puis la grosse montre et le porte-
monnaie du crieur public qu'il venait lui-même de voler.

HECTOR *a saisi la main dans sa poche.*

Hé! dites donc, là, vous!...

La chaisière se débat et va se sauver; elle perd sa per-
ruque.

HECTOR *s'exclame.*

Mais tu es fou, mon vieux!

Il soulève légèrement sa moustache et sa perruque.

C'est moi.

LA CHAISIÈRE, *remettant sa perruque.*
C'est Peterbono.

Oh, pardon! C'est également moi. Bonne matinée?

HECTOR

Ce porte-monnaie, cette montre, un briquet.

PETERBONO, *qui les examine.*

C'est la montre du crieur, je la connais, elle est en cuivre. Je l'avais remise dans la poche de ce pauvre bougre ainsi que le porte-monnaie qui, tu peux le vérifier, ne contient que vingt et un sous et un récépissé de mandat. Quant au briquet, nous en avons déjà neuf cent treize, dont deux seulement en état. Je t'ai connu meilleur ouvrier, Hector!

HECTOR

J'ai rendez-vous, ce soir, avec une fille dont je ne tarderai pas à être l'amant et qui a plus de deux cent mille francs de perles au doigt.

PETERBONO

Nous verrons cela. Dis-moi, tu as remarqué la petite là-bas? Le collier?

HECTOR, *qui la lorgne avec les jumelles*
qu'il porte en bandoulière.

Mazette! Les pierres sont énormes.

PETERBONO

Pas de fausse joie! Tu as des verres grossissants. Mais allons-y tout de même. Le coup de la petite monnaie. Je fais l'insolente et tu interviens.

*Ils traversent la scène avec une nonchalance terrible-
ment affectée et s'approchent de la jeune fille.*

Tableau I   123

Un ticket, Mademoiselle. C'est soixante-cinq centimes.

LA JEUNE FILLE

Voilà.

PETERBONO *se met à crier.*

Ah! non, je n'ai pas de monnaie, vous entendez, pas du tout de monnaie! Non, non, non, non... Je n'ai pas de monnaie!

HECTOR *intervient.*

Comment, pas de monnaie? Mademoiselle, je vous en prie. Permettez-moi de remettre cette insolente à sa place...

> *Bousculade avec la chaisière à la faveur de laquelle Hector essaie de voir comment fonctionne le fermoir du collier de la jeune fille.*

LA JEUNE FILLE *se dégage brusquement.*

Ah non!

HECTOR *recule, stupéfait.*

Comment non?

PETERBONO

Pourquoi non?

> *La jeune fille soulève sa perruque, c'est Gustave.*

GUSTAVE

C'est moi.

HECTOR *en tombe assis.*

C'est gai.

PETERBONO *explose.*

Voilà ce que c'est que de travailler sans ordre! Ah! je ne suis pas secondé, je ne suis pas secondé... Vous êtes des galopins! Voilà tout! Des galopins! Et si votre pauvre mère ne vous avait pas confiés à moi pour que je vous apprenne le métier, je vous flanquerais à la porte, vous entendez? à la porte... sans vous payer votre mois de préavis. Et avec tous les tours que vous m'avez joués, je vous attends devant les prud'hommes !...

A Gustave, sévère.

Tu n'as rien fait, toi, ce matin, naturellement ?

GUSTAVE

Si, deux choses. D'abord ce magnifique portefeuille.

PETERBONO

Voyons cela.

Il l'examine, puis soudain se fouille inquiet

A qui l'as-tu fait, ce portefeuille, et où ?

GUSTAVE

Je l'ai fait boulevard Ravachol à un vieux monsieur avec une grande barbe blanche...

PETERBONO *achève, terrible.*

Un pantalon à carreaux, un cronstadt et un rase-pet vert olive, n'est-ce pas, imbécile ?

GUSTAVE, *tremblant.*

Oui, Monsieur Peterbono... Vous m'avez vu ?

PETERBONO *tombe affalé sous ce dernier coup.*

C'était moi, imbécile, c'était moi !... Je vous dis que nous ne couvrirons même pas nos frais !

GUSTAVE

Mais j'ai autre chose, Monsieur Peterbono...

PETERBONO, *complètement découragé.*

Oh ! si c'est encore à moi que tu l'as volé, tu penses comme cela m'intéresse.

GUSTAVE

Ce n'est pas un objet... C'est une petite, et qui a l'air riche.

HECTOR *a bondi.*

Nom de Dieu ! Ce n'est pas la même que moi au

Tableau I   125

moins? Rousse? Vingt-cinq ans? Elle s'appelle Éva?

GUSTAVE

Non, brune, vingt ans. Elle s'appelle Juliette.

HECTOR

Ah! bon.

PETERBONO

Qu'est-ce que tu lui as pris?

GUSTAVE

Rien encore. Seulement je l'ai aidée à repêcher un
gosse qui était tombé dans le bassin des Thermes. Nous
avons bavardé en nous séchant au soleil. Elle m'a dit
que je lui plaisais.

PETERBONO

Des bijoux?

GUSTAVE

Une très belle perle.

PETERBONO

Bon. Il faudra voir cela, Hector, entre deux rendez-
vous, tu as du temps de libre cet après-midi?

GUSTAVE

Ah! non! Je voudrais bien la faire moi-même celle-là.

PETERBONO

Comment? Comment? La faire toi-même? Ah! ça,
c'est du nouveau alors!

GUSTAVE

Mais puisque c'est moi qui lui ai plu.

PETERBONO

Raison de plus, Hector n'en fera qu'une bouchée.

GUSTAVE

Ah! non, pas celle-là!

PETERBONO, *sévère.*

Gustave, ta mère t'a confié à moi. Je t'ai admis dans
notre association comme aide rabatteur. Tu as vingt ans.
Tu es ambitieux, c'est bien. Moi aussi, j'étais ambitieux
à ton âge. Mais attention! Dans notre carrière, comme
dans toutes les carrières, il y a une hiérarchie à suivre.
Hector est un des meilleurs séducteurs professionnels
que je connaisse sur la place de Paris. C'est un homme
qui ne rate pas une femme sur trois... et permets-moi de
te dire que c'est joli, comme moyenne. Tu n'as tout de
même pas l'intention, toi, un apprenti, de faire du meilleur ouvrage; non?

GUSTAVE

Je m'en fous. Je la ferai pour moi, la môme.

PETERBONO, *pincé.*

Pendant tes heures de liberté, tu es entièrement libre
de bricoler. Tu me devras simplement soixante-cinq
pour cent sur tes gains.

HECTOR, *qui regardait la nourrice*
pendant ce dialogue.

Peter!...

PETERBONO

Hector?

HECTOR

La nourrice là-bas. La chaîne d'or.

PETERBONO, *méprisant.*

Peuff! Ce n'est peut-être que de l'Oria.

HECTOR

Écoute, il est sept heures moins dix. Nous avons dix
minutes avant le dîner.

PETERBONO

Soit, si tu y tiens. Nous allons lui faire le coup des
trois militaires.

Tableau I   127

HECTOR

Le coup des trois militaires?

PETERBONO

C'est le coup classique pour les nourrices. Le premier
lui fait la cour, le second fait la risette à l'enfant, et le
troisième fredonne sans arrêt des sonneries de caserne
pour l'étourdir...

Ils sont sortis. Passent lady Hurf et Juliette.

JULIETTE

C'était un petit garçon de cinq ans à peine. Il n'avait
de l'eau que jusqu'à la taille, mais il avait peur, il retom-
bait toujours. Il se serait sûrement noyé.

LADY HURF

C'était affreux. As-tu remarqué ces petits chapeaux
cloche? Je trouve cela ridicule.

JULIETTE

Heureusement, il y a eu ce jeune homme. Il a été très
chic, très gentil.

LADY HURF

A cinq ans, tous les enfants sont gentils, mais à douze,
c'est l'âge bête. Voilà pourquoi je n'ai jamais voulu en
avoir.

JULIETTE

Je parlais du jeune homme, ma tante.

LADY HURF

Au fait, c'est vrai. Encore un petit chapeau cloche.
C'est grotesque. Tu disais que ce jeune homme était
gentil. Alors?

JULIETTE

C'est tout.

LADY HURF

Il faudra l'inviter à dîner.

JULIETTE

Il est parti. Je ne l'avais jamais vu.

LADY HURF

Tant mieux. On connaît toujours trop de gens. D'ailleurs, j'ai horreur des histoires de noyés. Votre pauvre oncle nageait comme une clé. Il s'est noyé sept fois. Je l'aurais giflé. Tiens, voilà Edgard... Edgard, avez-vous vu Éva?

LORD EDGARD *apparaît derrière le journal qu'il était en train de lire.*

Comment allez-vous, chère amie?

LADY HURF

Je vous demande si vous avez vu Éva.

LORD EDGARD

Éva? Non.

Il se fouille.

C'est inconcevable. Où ai-je pu la mettre? Elle est peut-être au bain.

LADY HURF

Vous êtes fou, il est sept heures.

JULIETTE

Allons voir au bar du Phœnix, ma tante, elle y va souvent.

LADY HURF

Edgard, ne bougez d'ici sous aucun prétexte!

LORD EDGARD, *se rasseyant.*

Bien, ma chère amie.

LADY HURF, *s'en allant.*

Mais si vous la voyez passer, courez après elle.

LORD EDGARD

Bien, ma chère amie.

Tableau I   129

LADY HURF

Ou plutôt — vous la perdriez — ne courez pas après
elle, venez tout simplement nous dire dans quelle direction vous l'avez vue partir.

LORD EDGARD

Bien, ma chère amie.

LADY HURF

D'ailleurs, non. Vous ne nous retrouveriez jamais.
Envoyez un chasseur après elle, un chasseur nous avertir
et mettez-en un troisième à votre place pour nous dire
où vous êtes au cas où nous repasserions par là.

Elle est sortie avec Juliette.

LORD EDGARD *retombe assourdi*
derrière son « Times ».

Bien, ma chère amie...

*Entrent les Dupont-Dufort père et fils accompagnés
par la clarinette de la petite ritournelle qui leur est par-
ticulière.*

DUPONT-DUFORT PÈRE

Suivons-les. Nous les rencontrerons par hasard au
bout de la promenade et nous tâcherons de les emmener
prendre un cocktail. Didier, toi qui es un garçon précis
et travailleur, et, qui plus est, d'initiative, je ne te reconnais plus. Tu délaisses la petite Juliette.

DUPONT-DUFORT FILS

Elle me rabroue.

DUPONT-DUFORT PÈRE

Cela n'a aucune espèce d'importance. D'abord tu n'es
pas n'importe qui, tu es le fils Dupont-Dufort. La tante
a beaucoup d'estime pour toi. Elle est prête à faire
n'importe quel placement sur ton conseil.

DUPONT-DUFORT FILS

Nous devrions nous contenter de cela.

DUPONT-DUFORT PÈRE

Dans la finance, il ne faut jamais se contenter de quelque chose... Je préférerais mille fois le mariage. Il n'y a que cela qui remettrait vraiment notre banque à flot. Ainsi du charme, de la séduction.

DUPONT-DUFORT FILS

Oui, papa.

DUPONT-DUFORT PÈRE

Nous sommes ici dans des conditions inespérées. Elles s'ennuient et il n'y a personne de présentable. Soyons aimables, extrêmement aimables.

DUPONT-DUFORT FILS

Oui, papa.

> *Ils sont passés.*

> *Lord Edgard, qui a tout entendu, lève la tête au-dessus de son « Times » et les regarde partir. Peterbono, Hector et Gustave entrent en militaires comme le musicien attaque son second morceau. Au même moment, de l'autre côté de la scène, entrée des agents. Ballet d'ensemble autour de la nourrice à laquelle ils font tous risette, les évolutions des agents compromettant celles des voleurs. Finalement, la nourrice s'en va. Les agents faisant des moulinets derrière leur dos avec leur bâton blanc lui emboîtent galamment le pas. Lady Hurf, pendant le ballet, est revenue seule et s'est assise à côté de lord Edgard; le morceau se termine à la sortie de la nourrice et des agents.*

PETERBONO, *dépité.*

Mes enfants, c'est la première fois que je vois rater le coup des trois militaires.

LADY HURF, *à lord Edgard.*

Eh bien, mon cher Edgard, qu'avez-vous fait de cette journée?

LORD EDGARD, *surpris et gêné comme toujours, lorsque lady Hurf lui adresse la parole sur le mode brusque qui lui est coutumier.*

Tableau 1 131

Je... J'ai... J'ai lu le « Times ».

LADY HURF, *sévère.*

Comme hier?

LORD EDGARD, *ingénu.*

Pas le même numéro qu'hier.

HECTOR, *qui observait, siffle d'admiration.*
As-tu vu les perles?

PETERBONO

Quatre millions.

HECTOR

On y va? Prince russe?

PETERBONO

Non. Elle a l'air à la page. Espagnols ruinés.

GUSTAVE

C'est malin! Vous savez bien que chaque fois que vous vous mettez en Espagnols vous êtes faits comme des rats.

PETERBONO

Tais-toi, gamin! Tu parles d'un métier que tu ne connais pas.

GUSTAVE

En tout cas, moi, je ne marche pas pour me mettre en secrétaire ecclésiastique comme la dernière fois. La soutane, c'est intenable en été!

PETERBONO

Gustave, cesse de m'exaspérer! Rentrons à la villa. Hector et moi serons en Grands d'Espagne, et tu seras en secrétaire ecclésiastique, que la soutane te plaise ou non.

Ils sortent, l'entraînant sur une petite ritournelle.

LADY HURF, *qui réfléchissait, soucieuse.*

Edgard, la situation est grave...

LORD EDGARD

Oui, j'ai lu dans le « Times ». L'Empire...

LADY HURF

Non, ici.

LORD EDGARD, *inquiet, regarde autour de lui.*

Ici?

LADY HURF

Comprenez-moi. Nous avons ici charge d'âme. Or, il se trame des intrigues; des mariages se préparent. Personnellement, je ne peux pas les suivre. Cela me donne la migraine. Qui devra les pénétrer, les diriger?

LORD EDGARD

Qui?

LADY HURF

Juliette est une folle. Éva est une folle. Moi, je n'y comprends rien et cela m'ennuie au-dessus de tout. D'ailleurs, je n'ai pas plus de bon sens que ces enfants. Il reste vous, au milieu de ces trois folles.

LORD EDGARD

Il reste moi.

LADY HURF

Autant dire rien! Ah! je suis perplexe, extrêmement perplexe. Que va-t-il se passer dans cette ville d'eaux où les intrigues vous naissent sous les pieds comme des fleurs tropicales? Je me demande si nous ne ferions pas mieux de quitter Vichy, et d'aller nous enterrer dans un trou de campagne. Mais, enfin, dites quelque chose, Edgard! Vous êtes le tuteur de ces deux petites, après tout!

LORD EDGARD

Nous pourrions peut-être demander conseil à Dupont-

Tableau I   133

Dufort. C'est un homme qui a l'air d'avoir du caractère.

LADY HURF

Oui. Beaucoup trop. Vous êtes un benêt. C'est à lui précisément qu'il convient de ne pas demander conseil. Les Dupont-Dufort veulent nous soutirer de l'argent.

LORD EDGARD

Mais ils sont riches?

LADY HURF

C'est précisément ce qui m'inquiète : ils veulent nous soutirer beaucoup d'argent. Une commandite ou un mariage. Nos deux petites avec tous leurs millions sont une proie tellement tentante.

LORD EDGARD

Nous pourrions peut-être télégraphier en Angleterre?

LADY HURF

Pour quoi faire?

LORD EDGARD

L'agence Scottyard nous enverrait un détective.

LADY HURF

Ma foi, nous serions bien avancés! Il n'y a pas plus filou que ces gens-là.

LORD EDGARD

Alors la situation est, en effet, irrémédiable.

LADY HURF

Edgard, vous devez avoir de l'énergie. Notre sort, à toutes, est entre vos mains.

LORD EDGARD *regarde ses mains, très ennuyé.*
Je ne sais pas si je suis bien qualifié.

LADY HURF, *sévère.*
Edgard, vous êtes un homme et un gentleman?

LORD EDGARD

Oui.

LADY HURF

Prenez une décision!

LORD EDGARD, *ferme.*

Bon! Je vais tout de même faire venir un détective
de chez Scottyard en spécifiant que je le veux honnête.

LADY HURF

Jamais, entendez-vous! S'il est honnête, il sentira
mauvais et il courtisera mes femmes de chambre. Ce
sera intenable. D'ailleurs, je ne sais pourquoi je vous
dis tout cela. Je ne veux pas être en sécurité parfaite.
Je m'ennuie comme une vieille tapisserie.

LORD EDGARD

Oh! chère amie...

LADY HURF

Je ne suis pas autre chose.

LORD EDGARD

Vous avez été si belle.

LADY HURF

Oui. Vers 1900. Ah! j'enrage! Mais je veux profiter
de mes dernières années et rire un peu. J'ai cru pendant
soixante ans qu'il fallait prendre la vie au sérieux. C'est
beaucoup trop. Je suis d'humeur à faire une grande folie.

LORD EDGARD

Rien de dangereux, au moins?

LADY HURF

Je ne sais pas. Je verrai ce qui me passera par la tête.

Elle se penche vers lui.

J'ai envie d'assassiner les Dupont-Dufort.

*Ils entrent, précédés de leur petite ritournelle, avec
Éva et Juliette.*

Tableau I 135

DUPONT-DUFORT PÈRE

Comment vous portez-vous, Milady?

DUPONT-DUFORT FILS

Milady.

DUPONT-DUFORT PÈRE

Mon cher Lord...

LORD EDGARD *l'a attiré à part.*

Méfiez-vous.

DUPONT-DUFORT PÈRE

Pourquoi, mon cher Lord?

LORD EDGARD

Chut! Je ne peux rien vous dire, mais méfiez-vous.
Quittez Vichy.

DUPONT-DUFORT FILS

Nous avons rencontré ces dames sur la promenade.

ÉVA

Vichy est un pays impossible, on ne sait que faire
pour s'amuser. Tous les hommes sont laids.

DUPONT-DUFORT FILS

C'est bien vrai. Tous très laids.

DUPONT-DUFORT PÈRE

Tous.

Bas à son fils.

Excellent pour nous.

ÉVA

J'ai un rendez-vous à huit heures, ma tante. Je dînerai
tard — ou je ne rentrerai pas.

DUPONT-DUFORT PÈRE, *bas à son fils.*

C'est avec toi?

DUPONT-DUFORT FILS

Non.

JULIETTE

Éva, je ne t'ai pas raconté que j'avais sauvé un enfant qui était tombé dans le bassin des Thermes? J'ai fait la connaissance d'un jeune homme charmant qui avait voulu le sauver avec moi.

LADY HURF

Juliette ne parle plus que de cela.

> *Les Dupont-Dufort se regardent, inquiets.*

DUPONT-DUFORT PÈRE

Ce n'était pas toi?

DUPONT-DUFORT FILS

Non.

JULIETTE

Nous nous sommes séchés au soleil en bavardant. Si tu savais comme il est amusant! C'est un petit brun. Ce n'est pas le même que toi, au moins?

ÉVA

Non. Moi, c'est un grand roux.

JULIETTE

Ah! tant mieux...

DUPONT-DUFORT PÈRE, *bas.*

Fiston, il faut absolument que tu brilles.

> *Haut.*

Didier, as-tu été à la piscine avec ces dames pour leur montrer ton crawl impeccable? C'est toi qui aurais sauvé aisément ce bambin!

JULIETTE

Oh! le crawl était bien inutile. Le bassin des Thermes a quarante centimètres de profondeur.

Tableau I   137

Pendant la fin de cette scène, Peterbono en très noble — trop noble — vieillard espagnol, Hector en Grand d'Espagne, également très réussi, et Gustave en secrétaire ecclésiastique sont entrés et s'approchent lentement.

PETERBONO

Attention. C'est la grosse partie. Jouons serré.

HECTOR

Ton monocle.

PETERBONO

Le coup de la méprise! Je donnerai le signal. Gustave, plus en arrière.

La musique commence une marche d'un caractère à la fois héroïque et très espagnol. Soudain, lady Hurf, qui regardait arriver cet étrange trio, se lève, va à eux, et se précipite au cou de Peterbono.

LADY HURF

Mais c'est ce cher duc de Miraflor!

La musique s'arrête.

PETERBONO, *gêné et surpris.*

Heuh...

LADY HURF

Voyons, souvenez-vous! Biarritz 1902. Les déjeuners à Pampelune. Les courses de taureaux. Lady Hurf.

PETERBONO

Ah! Lady Hurf!... Les courses de taureaux. Les déjeuners. Chère amie...

Aux autres.

J'ai dû me faire la tête de quelqu'un qu'elle connaît.

LADY HURF

Comme je suis heureuse! Je m'ennuyais à périr. Mais la duchesse?

PETERBONO

Morte.

Trémolo à l'orchestre.

LADY HURF

Dieu! Et le comte, votre cousin?

PETERBONO

Mort.

Trémolo.

LADY HURF

Dieu! Et votre ami l'amiral?

PETERBONO

Mort également.

A l'orchestre, début d'une marche funèbre. Peterbono se tourne vers les autres.

Sauvés!

LADY HURF

Pauvre cher! Que de deuils...

PETERBONO

Hélas! Mais il faut que je vous présente mon fils Don Hector, mon secrétaire ecclésiastique Dom Petrus.

LADY HURF

Lord Edgard que vous avez connu. C'est lui que vous battiez chaque matin au golf et qui perdait toujours ses balles.

PETERBONO

Ha! le golf... Cher ami...

LORD EDGARD, *affolé, à lady Hurf.*

Mais ma chère...

LADY HURF, *sévère.*

Comment? Vous ne reconnaissez pas le duc?

Tableau I 139

LORD EDGARD

C'est insensé! Voyons, souvenez-vous...

LADY HURF

Vous n'avez aucune mémoire. N'ajoutez pas un mot, vous me fâcheriez. Mes nièces Éva et Juliette me donnent beaucoup de soucis parce qu'elles sont bonnes à marier et qu'elles ont des dots exceptionnellement tentantes pour les aigrefins.

Les Dupont-Dufort se regardent.

DUPONT-DUFORT PÈRE

Restons dignes.

DUPONT-DUFORT FILS

Cela ne peut pas être nous.

Peterbono et Hector s'envoient de terribles bourrades.

LADY HURF

Je suis bien heureuse de vous avoir rencontrés. Vichy est un trou. Vous vous souvenez de la redoute jaune?

PETERBONO

Ah! je pense bien!

DUPONT-DUFORT FILS, *à son père.*

On nous oublie.

DUPONT-DUFORT PÈRE

Présentons-nous. Messieurs Dupont-Dufort.

DUPONT-DUFORT FILS

Père et fils.

Pendant ces saluts, Éva regarde fixement Hector, qui feint de s'intéresser énormément à la conversation; quant à Gustave, il a presque entièrement disparu dans sa serviette et cherche désespérément des papiers pour éviter le regard de Juliette, qui le fixe aussi, intriguée.

LADY HURF

Je suis sûre que vous vous ennuyez aussi? Vous ne trouvez pas que c'est une chance inespérée de s'être rencontrés?

PETERBONO, *coup de coude à Hector.*

Inespérée...

HECTOR, *coup de coude à Peterbono.*

Oui. Inespérée... tout à fait inespérée.

> *Dans leur joie ils en font trop, mais personne ne semble le remarquer.*

LADY HURF

Monsieur votre fils est charmant. N'est-ce pas, Éva?

ÉVA

Oui.

PETERBONO

C'était le plus séduisant officier d'Espagne, avant la révolution.

LADY HURF

Hélas! Vous avez beaucoup perdu?

PETERBONO

Beaucoup.

LADY HURF

Mais où êtes-vous descendus? Vous êtes à l'hôtel?

PETERBONO, *évasif.*

Oui...

LADY HURF

C'est inadmissible... Edgard? Le duc est à l'hôtel!

LORD EDGARD

Mais je vous assure, chère amie...

Tableau I 141

LADY HURF

Taisez-vous! Mon cher duc, il est impossible que vous demeuriez à l'hôtel. Faites-nous la grâce d'accepter notre hospitalité. Nous avons une villa immense dont une aile entière sera pour vous.

PETERBONO

Volontiers, volontiers, volontiers, volontiers...

> *Énormes bourrades avec Hector. Les Dupont-Dufort échangent des regards navrés.*

LADY HURF

Vous pouvez, bien entendu, venir avec votre suite.

> *Elle regarde Gustave.*

Que cherche-t-il?

PETERBONO

Quelque document... Dom Petrus?

> GUSTAVE *émerge enfin de sa serviette.*

Monseigneur?

> *Il s'est mis des lunettes noires.*

LADY HURF

Il a mal aux yeux?

PETERBONO

Oui très mal. Son état nécessite des soins et je ne peux pas vous infliger sa présence. Dom Petrus, nous allons accepter la généreuse hospitalité que nous offre lady Hurf. Passez à l'hôtel faire prendre nos bagages. Vous y demeurerez jusqu'à nouvel ordre. Vous y recevrez le courrier et vous viendrez prendre nos décisions chaque matin.

GUSTAVE, *furieux.*

Mais Monseigneur...

PETERBONO

Allez!

GUSTAVE

Pourtant, Monseigneur...

PETERBONO

Allez, vous dis-je!

> *Hector pousse Gustave, qui s'éloigne à regret.*

LADY HURF, *attendrie.*

Toujours le même. Quel ton de voix! Le ton des Miraflor. Votre cousin avait le pareil...

PETERBONO

Hélas!

LADY HURF

Comment est-il mort?

PETERBONO

Comment est-il mort?

LADY HURF

Oui! Je l'aimais tant.

PETERBONO

Vous voulez que je vous raconte les circonstances qui ont marqué son trépas?

LADY HURF

Oui.

> *Il est affolé, il regarde Hector.*

PETERBONO

Eh bien, il est mort...

> *Hector lui mime un accident d'auto, mais il ne comprend pas cela.*

Il est mort fou.

LADY HURF

Ah! le pauvre! Il avait toujours été original. Mais la duchesse?

Tableau I   143

PETERBONO

La duchesse?

> *Il regarde Hector, affolé.*

Elle est morte.

LADY HURF

Oui. Mais comment?

> *Hector se touche le cœur à plusieurs reprises. Peter-*
> *bono hésite à comprendre, mais comme il n'a lui-même*
> *aucune imagination, il se résigne.*

PETERBONO

D'amour.

LADY HURF, *confuse.*

Oh! pardon. Et votre ami l'amiral?

PETERBONO

L'amiral? Ah! lui...

> *Il regarde Hector qui lui fait signe qu'il n'a plus*
> *d'idées. Il se méprend encore sur sa mimique.*

Noyé. Mais excusez-moi, vous touchez de trop cuisantes plaies...

LADY HURF

Pardon... Pardon, cher ami.

> *Aux autres.*

Quelle race!... Quelle noblesse dans le malheur!
N'est-ce pas, cher Edgard?

LORD EDGARD

Chère amie, je m'obstine...

LADY HURF

Ne vous obstinez pas, vous voyez que le duc souffre.

DUPONT-DUFORT PÈRE, *à son fils.*

Mêlons-nous à la conversation!

DUPONT-DUFORT FILS

Quelle affreuse suite de malheurs!

DUPONT-DUFORT PÈRE

Sur d'aussi vénérables têtes!

On ne les écoute pas.

LADY HURF *éclate de rire.*

Ah! Biarritz était beau à cette époque. Vous vous souvenez des bals?

PETERBONO

Ah! les bals...

LADY HURF

Et de Lina Véri?

PETERBONO

Lina Véri? Je ne suis plus bien sûr...

LADY HURF

Allons... Vous étiez intimes!

Aux autres.

Il est très vieilli.

PETERBONO

Ah! Lina Véri... Parfaitement. La haute société italienne.

LADY HURF

Mais non. C'était une danseuse.

PETERBONO

Oui, mais sa mère faisait partie de la haute société italienne.

LADY HURF, *aux autres.*

Il ne sait plus ce qu'il dit. Il est très fatigué. Mon cher duc, j'aimerais vous montrer tout de suite vos appartements. La villa est toute proche, au bout de l'allée.

Tableau I 145

PETERBONO

Volontiers.

Tous se lèvent.

GUSTAVE *entre en courant, cette fois*
en charmant jeune homme, et magnifiquement vêtu.

Bonjour, père!

PETERBONO, *surpris.*

Salaud.

Il présente.

Mon second fils, don Pedro, dont j'avais oublié de
vous parler.

LADY HURF

Comment, vous avez un second fils? Mais de qui?

PETERBONO, *affolé.*

Ah! C'est toute une histoire.

Il regarde Hector qui lui fait signe d'être prudent.

Mais celle-là aussi touche de trop cuisantes plaies.

LADY HURF

Venez, Edgard...

LORD EDGARD

Mais, chère amie...

LADY HURF

Et taisez-vous!

Ils sont tous sortis, Hector faisant des grâces à Éva
qui le regarde toujours.

JULIETTE *s'approche de Gustave.*

Enfin, qu'est-ce que cela veut dire?

GUSTAVE

Chut, je vous expliquerai...

> *Ils sortent aussi. Seuls les Dupont-Dufort sont restés en arrière.*

DUPONT-DUFORT FILS, *à son père.*

On nous oublie.

DUPONT-DUFORT PÈRE

Suivons tout de même et redoublons d'amabilité. Il faut espérer que ces jeunes gens sont déjà amoureux ou bien qu'ils n'aiment pas les femmes...

> *Ils sortent.*

RIDEAU

DEUXIÈME TABLEAU

*Un salon de style suranné dans la villa de lady Hurf.
C'est le soir après dîner. Juliette et Gustave sont assis l'un
près de l'autre, une petite musique romanesque dans le lointain.*

JULIETTE

Nous sommes bien ici. Personne ne vient nous déranger ce soir.

GUSTAVE

Oui, nous sommes bien.

JULIETTE

Depuis trois jours vous êtes triste. La nostalgie de l'Espagne peut-être?

GUSTAVE

Oh! non.

JULIETTE

Je regrette maintenant d'avoir refusé de travailler mon espagnol au collège. Nous aurions pu parler. Cela aurait été amusant.

GUSTAVE

Je le parle moi-même très peu.

JULIETTE

Tiens! C'est drôle...

GUSTAVE

Oui, c'est drôle.

Un silence.

JULIETTE

Cela doit être amusant d'être prince.

GUSTAVE

On s'habitue à tout.

Un silence.

JULIETTE

Qu'avez-vous, monsieur Pedro? Nous étions beaucoup plus amis il y a trois jours.

GUSTAVE

Je n'ai rien.

Un silence, lord Edgard passe, les bras chargés de papiers.

LORD EDGARD

Dussé-je périr à la tâche, j'en aurai le cœur net.

Il a laissé tomber tous ses papiers. Ils se précipitent pour l'aider, il leur barre la route.

N'y touchez pas, n'y touchez pas!

Il les ramasse lui-même et sort en murmurant.

Cette importante découverte, si elle se fait, doit être entourée des plus extrêmes précautions.

GUSTAVE

Qu'a-t-il depuis que nous sommes ici à fouiller dans ces vieux papiers?

JULIETTE

Je ne sais pas. Il est un peu fou. Mais comme il est en même temps méticuleux, cela donne des résultats

Tableau II 149

extraordinaires. Il doit chercher une vieille note de blanchisseuse.

Entre une petite fille.

Ah! voilà ma petite amie!

LA PETITE

Mademoiselle Juliette, je vous ai cherché des marguerites.

JULIETTE

Merci, tu es bien gentille.

LA PETITE

Seulement, elles n'ont pas beaucoup de pétales. Papa m'a dit que ce n'est pas de celles-là que se servent les amoureux.

JULIETTE

Cela ne fait rien.

LA PETITE

Il faudra que   vous en cherche d'autres?

JULIETTE

Non. Oui, tu es bien gentille.

Elle l'embrasse.

Sauve-toi.

La petite sort. Juliette revient, penaude.

JULIETTE

Vous me trouvez idiote?

GUSTAVE

Non.

JULIETTE

Vous m'aviez dit que vous m'aimiez, monsieur Pedro, et depuis trois jours, vous ne me regardez même plus.

GUSTAVE

Je vous aime, Juliette.

JULIETTE

Alors?

GUSTAVE

Je ne peux pas vous dire.

JULIETTE

Mon père n'avait pas de titre, c'est vrai, mais ma tante est Lady et mon grand-père était Honorable.

GUSTAVE

Vous êtes drôle. Il ne s'agit pas de cela.

JULIETTE

Le duc de Miraflor accepterait que je sois votre femme, croyez-vous?

GUSTAVE *sourit.*

Oh! sûrement!

JULIETTE

Mais qu'est-ce qui vous donne cet air triste alors, si vous m'aimez et que tout le monde le veut bien?

GUSTAVE

Je ne peux pas vous le dire.

JULIETTE

Vous avez tout de même le sentiment que nos vies un jour pourront se rencontrer?

GUSTAVE

Je vous mentirais si je vous disais que je le crois.

JULIETTE *se détourne.*

Vous me faites de la peine.

GUSTAVE

Attention, voici votre cousine...

Tableau II   151

JULIETTE

Venez dans le jardin. Il commence à faire nuit, je veux
que vous me disiez tout.

*Ils sortent, la musique s'éloigne avec eux. Éva entre,
suivie d'Hector. Il n'a pas la même tête qu'à la fin du
premier tableau.*

HECTOR

Voyez, ils nous font place libre. On nous laisse seuls.

ÉVA

Ce qui est malheureux, c'est que je n'ai aucunement
besoin d'une place libre. Je m'accommoderais très bien
d'une foule autour de nous!

HECTOR

Vous êtes cruelle.

ÉVA

Vous me déplaisez. C'est ma façon de vivre; je suis
cruelle avec ce qui me déplaît. Mais en revanche, quand
quelqu'un me plaît, je suis capable de tout.

HECTOR, *désespéré.*

Ah! pourquoi ne puis-je pas réussir à vous plaire une
seconde fois?

ÉVA

Vous le savez bien, vous n'êtes plus le même.

HECTOR

Quelle horrible absence de mémoire! Je vous l'ai dit,
ce déguisement, c'était une fantaisie d'aristocrate harassé
de sa personnalité, qui s'amuse ainsi pour s'échapper à
lui-même. Je ne peux pas pour cette fantaisie maudite
perdre mon amour, Éva!

ÉVA

Je conserve avec plaisir le souvenir d'un jeune homme
qui m'a parlé dans le parc. Retrouvez-le. J'en serai
peut-être encore amoureuse.

HECTOR

Ah! c'est une aventure ridicule! Si vous consentiez
au moins à me mettre sur la voie. Dites-moi seulement
si j'avais une barbe quand je vous ai plu.

ÉVA

Je vous ai déjà répondu que cela ne m'amuserait plus
si je vous le disais.

HECTOR, *qui s'est retourné pour se changer de tête
et qui apparaît complètement différent.*

Ce n'était pas ainsi.

ÉVA *éclate de rire.*

Oh! non...

HECTOR

Vous reconnaissez ma voix, mes yeux pourtant?

ÉVA

Oui, mais cela ne suffit pas.

HECTOR

J'ai la même taille! Je suis grand, bien fait. Je vous
assure que je suis bien fait.

ÉVA

Je ne crois qu'aux visages.

HECTOR

C'est horrible! C'est horrible! Je ne retrouverai jamais
sous quelle forme je vous ai plu. Ce n'était pas en femme,
au moins?

ÉVA

Pour qui me prenez-vous?

HECTOR

Ni en Chinois?

Tableau II   153

ÉVA

Vous avez complètement perdu le sens. J'attendrai
que vous soyez plus drôle.

*Elle va s'asseoir plus loin. Il veut la suivre, elle se
retourne, excédée.*

Ah! non, je vous en prie, non! Ne me suivez pas tout
le temps en changeant de barbe... Cela finit par me donner le vertige!

HECTOR, *affalé.*

Et dire que cet imbécile de Peterbono s'obstine à
m'affirmer que c'est en aviateur!

LORD EDGARD *passe avec des papiers
plein les bras.*

Il n'est pas admissible que je ne puisse retrouver cette
lettre dont la vérité doit jaillir d'aussi curieuse façon.

*Il aperçoit Hector avec sa nouvelle tête. Il bondit sur
lui, laissant tomber tous ses papiers.*

Enfin!... Vous êtes le détective de l'agence Scottyard?

HECTOR

Non, Monsieur.

Il se lève pour sortir.

LORD EDGARD

Parfait! Excellente réponse. J'ai recommandé qu'on
soit discret. Mais je suis lord Edgard, lui-même, vous
pouvez vous dévoiler sans crainte...

HECTOR

Je vous dis que je ne suis pas la personne que vous
attendez.

Il sort.

LORD EDGARD, *le suivant.*

Compris! Parfait! Vous suivez mot pour mot ma
consigne. J'avais demandé qu'on soit prudent!

*Lady Hurf est entrée pendant qu'ils sortaient; elle a
été s'asseoir près d'Éva, un magazine à la main.*

LADY HURF

Ma petite Éva s'ennuie.

> *Éva lui sourit sans lui répondre. Derrière le dos de lady Hurf, Hector revient par une autre porte avec une nouvelle tête et la montre à Éva, muet. Elle fait « non ». Il s'en va accablé.*

LADY HURF, *qui a posé son magazine avec un soupir.*

Ma petite Éva s'ennuie tant qu'elle peut.

ÉVA *sourit.*

Oui, ma tante.

LADY HURF

Moi aussi, ma chérie, je m'ennuie.

ÉVA

Mais, moi, j'ai vingt-cinq ans, alors c'est un peu triste.

LADY HURF

Tu verras quand tu en auras presque soixante comme moi, combien c'est plus triste, Éva. Il te reste l'amour, à toi. Tu devines qu'il y a déjà plusieurs années que j'y ai officiellement renoncé.

ÉVA

Oh! l'amour...

LADY HURF

Quel soupir! Depuis ton veuvage, tu as eu des amants?

ÉVA

Je n'en ai pas rencontré qui m'ait aimée.

LADY HURF

Tu demandes trop. Si tes amants t'ennuient, marie-toi, cela leur donnera du piquant.

ÉVA

Avec qui?

Tableau II 155

LADY HURF

Bien entendu, ces Dupont-Dufort t'excèdent comme
moi. Et les Espagnols?

ÉVA

Le prince Hector me poursuit en changeant de moustaches dans l'espoir de retrouver l'aspect sous lequel il
m'avait plu.

LADY HURF

Vraiment plu?

ÉVA *sourit.*

Je ne sais plus.

LADY HURF

Ce sont d'étranges personnages.

ÉVA

Pourquoi?

LADY HURF

Pour rien. Je te l'ai dit, je suis une vieille carcasse qui
s'ennuie. J'ai eu tout ce qu'une femme peut raisonnable-
ment et même déraisonnablement souhaiter. L'argent,
la puissance, les amants. Maintenant que je suis vieille,
je me retrouve autour de mes os aussi seule que lorsque
j'étais une petite fille qu'on faisait tourner en pénitence
contre le mur. Et ce qui est plus grave, je me rends
compte qu'entre cette petite fille et cette vieille femme,
il n'y a eu, avec beaucoup de bruit, qu'une solitude pire
encore.

ÉVA

Je vous croyais heureuse.

LADY HURF

Tu n'as pas de bons yeux. Je joue un rôle. Je le joue
bien comme tout ce que je fais, voilà tout. Toi, tu joues
mal le tien!

Elle lui caresse les cheveux.

Petite fille, petite fille, vous serez toujours poursuivie par des désirs qui changeront de barbes sans que vous osiez jamais leur dire d'en garder une pour les aimer. Surtout ne vous croyez pas une martyre! Toutes les femmes sont pareilles. Ma petite Juliette, elle, sera sauvée parce qu'elle est romanesque et simple. C'est une grâce qui n'est pas donnée à toutes.

ÉVA

Il y en a qui aiment.

LADY HURF

Oui. Il y en a qui aiment un homme. Qui le tuent d'amour, qui se tuent pour lui. Mais elles sont très rarement millionnaires.

Elle lui caresse les cheveux encore, avec une mélancolie souriante.

Va, tu finiras comme moi, sous les traits d'une vieille femme couverte de diamants, qui joue aux intrigues pour tâcher d'oublier qu'elle n'a pas vécu. Et encore... Je voudrais rire un peu. Je joue avec le feu et le feu ne veut même pas me brûler.

ÉVA

Que voulez-vous dire, ma tante?

LADY HURF

Chut! Voici nos marionnettes.

Précédés du musicien, Peterbono et Hector paraissent sur le seuil, bientôt suivis des Dupont-Dufort. Ils se précipitent tous ensemble sur les dames, mais ce sont les voleurs qui arrivent les premiers à leur baiser les mains.

LADY HURF *pousse soudain un cri et se lève.*

Ah! j'ai une idée!

PETERBONO, *effrayé, à Hector.*

Elle m'a fait peur. Chaque fois qu'elle crie, je crois que c'est ma barbe.

LADY HURF

Où est Juliette?

Tableau II   157

ÉVA

Dans le parc, avec le prince Pedro. Ils ne se quittent pas.

PETERBONO

Charmants enfants!

LADY HURF *appelle.*

Juliette!

JULIETTE *rentre avec Gustave.*

Vous m'appelez, ma tante?

LADY HURF *l'attire à part.*

Tu as les yeux rouges, petite fille. Attention, il ne faut pas être malheureuse, ou bien je coupe les fils aux pantins.

JULIETTE

Que voulez-vous dire, ma tante?

LADY HURF

Si j'ai parlé entre mes dents, c'est pour que tu ne me comprennes pas. Venez toutes les deux.

Elle a pris Juliette et Éva par la taille, elle les entraîne vers le jardin.

J'ai une idée pour égayer un peu cette soirée, vous allez me dire ce que vous en pensez.

Elles sont sorties. Les Dupont-Dufort se regardent.

DUPONT-DUFORT PÈRE

Suivons ces dames, fiston. Et soyons de plus en plus aimables, notre salut est à ce prix.

DUPONT-DUFORT FILS

Oui, papa.

Les trois voleurs sont restés seuls. Détente. Ils respirent.

HECTOR, *tendant une boîte de cigares à Peterbono.*

Un cigare, cher ami?

PETERBONO *se sert.*

Je les prise. Ils sont remarquablement bons.

HECTOR, *le servant.*

Un peu de fine?

PETERBONO

Merci.

Ils boivent.

HECTOR

Encore un cigare, peut-être?

PETERBONO *les rafle carrément.*

Je suis confus. Si, si, je suis confus. Je ne peux être
que confus.

Il a un remords. Il reprend la boîte.

Mais puis-je à mon tour vous en offrir un?

HECTOR *en tire en vrac de ses poches.*

Je vous remercie. Je me suis servi.

*Un moment de bonheur et d'infinie distinction. Ils se
carrent béatement sur le canapé. Soudain Hector montre
à Peterbono Gustave qui n'a rien dit encore, sombre et
triste dans son coin.*

PETERBONO *se lève et s'approche de Gustave.*

Eh bien, fiston, tu as l'air triste? Tu as une belle
chambre, tu manges bien, tu as une belle petite à qui
faire la cour, tu joues les princes et tu trouves le moyen
d'être triste?

GUSTAVE

Je veux m'en aller.

Les deux autres ont dressé l'oreille.

PETERBONO

Hein? T'en aller d'ici?

Tableau II 159

GUSTAVE

Oui, d'ici.

PETERBONO

Hector! Gustave est devenu fou.

HECTOR

Pourquoi veux-tu t'en aller?

GUSTAVE

Je suis amoureux de la petite.

HECTOR

Eh bien?

GUSTAVE

Mais vraiment amoureux.

PETERBONO

Eh bien?

GUSTAVE

Elle ne sera jamais à moi.

PETERBONO

Pourquoi cela, fiston? Tu n'as jamais été dans d'aussi bonnes conditions. Tu es supposé prince et riche. Cours ta chance, prends-la.

GUSTAVE

Je ne veux pas coucher avec elle, une fois, pour être obligé de la quitter après.

PETERBONO

Il faudra sûrement la quitter un jour.

GUSTAVE

Et puis j'ai honte de lui jouer cette comédie. Je préfère m'en aller tout de suite, ne plus la voir.

HECTOR

Il est fou.

PETERBONO

Complètement fou.

GUSTAVE

Enfin, pourquoi sommes-nous ici?

PETERBONO

Pourquoi? Mais nous faisons notre saison, fiston.

GUSTAVE

Nous sommes ici pour faire un coup. Faisons-le et partons.

PETERBONO

Et la préparation? Songes-tu à la préparation?

GUSTAVE

Elle a assez duré, la préparation.

PETERBONO

Cela ne t'est pas pénible à toi, Hector, d'écouter des apprentis vouloir nous donner des leçons?

HECTOR

On fera le coup, bien sûr, puisqu'on est là pour cela. Mais sais-tu seulement quel coup nous voulons faire?

GUSTAVE

Rafler le salon?

PETERBONO

Avec des sacs, hein? Comme des romanichels! Hector, cet enfant a l'esprit bien bas. Sache, gamin, que nous ne sommes pas encore fixés sur le coup que nous allons faire. Et si notre conduite peut te sembler curieuse à toi, un novice, c'est que nous sommes en train d'étudier les possibilités de cette maison.

GUSTAVE

Vous vous prélassez ici parce qu'il y a de la fine et des cigares et qu'Hector croit toujours qu'il va se faire reconnaître d'Éva. Mais au fond, vous ne savez pas ce

Tableau II   161

que vous voulez faire. Je suis un apprenti, peut-être,
mais, moi, je vous le dis : ce n'est pas du travail!

PETERBONO *court à Hector.*

Hector, retiens-moi!

HECTOR, *qui fume encore béatement.*

Gustave, ne te bute pas. Comprends-nous...

PETERBONO

Hector, retiens-moi!

HECTOR

Nous hésitons...

PETERBONO

Retiens-moi, Hector! Retiens-moi!

HECTOR *lui prend le bras pour lui faire plaisir.*

Oui, je te retiens.

PETERBONO, *dompté.*

Tu fais bien.

HECTOR, *à Gustave.*

Nous hésitons entre plusieurs solutions possibles...

GUSTAVE

Lesquelles?

HECTOR

Les lui confie-t-on, Peter? Tu ne crains pas une indis-
crétion de jeune homme?

PETERBONO *hausse les épaules.*

Confie-les-lui. Puisque nous lui devons des comptes
maintenant.

HECTOR

Soit. Dis-lui d'abord ce que tu proposais, Peter...

PETERBONO

A toi, Hector, à toi.

HECTOR, *gêné.*

Eh bien...

GUSTAVE

Vous ne savez rien.

HECTOR *bondit sous l'outrage.*

Nous ne savons rien ? Nous hésitions entre le coup du faux chèque donné en échange d'un bijou un samedi, ce qui nous donne deux jours pour nous mettre hors d'atteinte ou celui du vrai chèque reçu en échange d'un faux bijou dans les mêmes conditions... Nous pensions également offrir à lady Hurf des fleurs somnifères (en prenant garde de ne pas les respirer) pour lui subtiliser ses perles dès qu'elle dormirait !

PETERBONO, *également très remonté.*

Nous pouvions simuler un duel avec les Dupont-Dufort ! Nous les blessions et à la faveur du tumulte nous raflions l'argenterie.

GUSTAVE

Et si c'est vous qui étiez blessés ?

PETERBONO

Impossible !

GUSTAVE

Pourquoi ?

PETERBONO *crie.*

Je ne sais pas ! Mais c'est impossible.

HECTOR

Nous pouvions encore faire semblant d'avoir été volés et monter un chantage énorme !

PETERBONO

Faire semblant de trouver une perle en mangeant des huîtres et l'échanger contre une perle de lady Hurf, que sais-je ?

Tableau II 163

GUSTAVE

Nous sommes en été, il n'y a pas d'huîtres à Vichy.

PETERBONO

C'est un exemple!

GUSTAVE

En somme, vous n'avez rien trouvé. Moi, je veux faire le coup ce soir et m'en aller.

PETERBONO

Ce soir? Et pourquoi pas tout de suite?

GUSTAVE

Oui, pourquoi pas tout de suite? Je veux m'en aller, m'en aller le plus tôt possible.

PETERBONO

Il va nous perdre! Gustave, pense à ta pauvre mère qui t'a confié à moi.

GUSTAVE

Non.

PETERBONO

Je vais te maudire! Naturellement, cela t'est égal que je te maudisse?

GUSTAVE

Oui.

PETERBONO *hurle.*

Retiens-moi, Hector!

Il s'accroche à Gustave.

Quinze jours encore. Nous le ferons, le coup, mais nous sommes bien ici, et ce n'est pas si souvent que nous sommes bien...

GUSTAVE

Non. Je suis trop malheureux.

Il sort.

HECTOR bondit à sa poursuite.

Suivons-le et tâchons de l'arrêter, il va causer un scandale.

PETERBONO l'appelle.

J'ai une idée! Si nous faisions semblant de ne pas le connaître?

Hector hausse les épaules, et sort sans vouloir même envisager une pareille solution.

Lord Edgard entre, précédé du musicien qui fait des trémolos sur son saxophone comme s'il pressentait quelque coup du destin. Il est en train de fouiller dans le tas de papiers qui ne le quitte jamais. Soudain il se redresse, pousse un grand cri et s'écroule évanoui sur son tas de lettres. Le musicien court chercher tout le monde en jouant des notes sans suite.

JULIETTE entre.

Mon oncle... Qu'avez-vous, mon oncle?...

Elle le hisse sur un fauteuil.

Ses mains sont froides. Quel est ce faire-part?

Elle le lit, bouleversée, et le cache précipitamment dans sa poche.

Elle sort en criant.

Ma tante! vite, ma tante!...

La clarinette est dans une grande confusion. Elle multiplie les trémolos tragiques, tout le monde entre derrière le musicien en criant; on entend:

— Une attaque...
— A son âge.
— Non, il n'est qu'évanoui.
— De l'air, écartez-vous!
— Il faut aller chercher le médecin.
— Non, il revient à lui.
— Il est tout à fait remis!
— C'est une émotion.
— Il a peut-être trouvé ce qu'il cherchait.

La musique s'est tue. — Un énorme silence.

Tableau II 165

PETERBONO, *à Hector, dans le silence.*

L'occasion rêvée...

HECTOR

Oui, mais que faire?

PETERBONO

Rien, bien entendu, mais c'est tout de même l'occasion rêvée.

LORD EDGARD *s'est redressé lentement.*
Il commence d'une voix blanche.

Mes amis, j'ai une affreuse nouvelle à vous annoncer. Le duc de Miraflor est mort à Biarritz en 1904.

Tout le monde regarde Peterbono, qui est très gêné. Petite ritournelle goguenarde.

PETERBONO

C'est ridicule.

HECTOR, *bas.*

Tu parles d'une occasion rêvée!

PETERBONO, *de même.*

Ce n'est pas le moment de plaisanter. Approche-toi de la fenêtre.

LADY HURF

Vous êtes fou, Edgard?

LORD EDGARD

Non, non. J'ai retrouvé le faire-part. Je savais bien que je le retrouverais ce faire-part. Depuis le premier jour...

Il se fouille.

Où est-il? Ah! ça, par exemple, où est-il? Je l'avais à l'instant! Oh! mon Dieu, je l'ai déjà perdu!

DUPONT-DUFORT PÈRE

Tout se découvre.

DUPONT-DUFORT FILS

Nous sommes sauvés.

A Peterbono qui se dirige insensiblement vers la fenêtre.

Vous ne restez pas pour prendre des nouvelles de notre hôte?

PETERBONO

Si, si.

LADY HURF

Edgard, vous faites une plaisanterie ridicule à ce cher duc.

LORD EDGARD

Mais, chère amie, je vous certifie...

LADY HURF

Venez, mon cher duc, lui montrer que vous n'êtes pas mort.

PETERBONO, *qu'on pousse, gêné.*

Mais non, je ne suis pas mort.

LORD EDGARD

Pourtant, j'ai retrouvé votre faire-part.

LADY HURF, *derrière lui, le pince.*

Edgard, je suis sûre que vous vous trompez. Faites vos excuses.

LORD EDGARD

Mais enfin, chère amie...

LADY HURF *le pince plus fort.*

Je suis sûre, entendez-vous, que vous vous trompez.

LORD EDGARD *se frotte le bras, puis rageur.*

Aïe! En effet, maintenant que vous me le dites, je pense que j'ai dû confondre avec le duc d'Orléans.

LADY HURF

C'est parfait. L'incident est donc clos?

Tableau II 167

PETERBONO, *soulagé.*

Complètement clos.

LADY HURF

Alors, passons tous sur la terrasse, j'y ai fait servir le café. Je vais vous faire part de mon idée.

DUPONT-DUFORT PÈRE, *emboîtant le pas.*

Je trouve que c'est une excellente idée!

LADY HURF, *qu'il exaspère.*

Attendez, mon cher, je ne l'ai pas encore dite... Voilà, on donne ce soir un Bal des Voleurs au Casino. Nous allons tous nous déguiser en voleurs et y aller...

DUPONT-DUFORT PÈRE ET FILS *éclatent aussitôt de rire.*

Hi! Hi! Hi! Dieu, que c'est drôle!

DUPONT-DUFORT PÈRE, *sortant, à son fils.*

Flattons ses moindres lubies.

PETERBONO, *furieux, en sortant, à Hector.*

Moi, je trouve cela de très mauvais goût. Pas toi?

Juliette, qui est restée seule, ne bouge pas un instant. La musique a commencé doucement le thème de la romance quelque part au loin. Alors Juliette sort doucement le faire-part de son corsage et le lit.

JULIETTE

« Nous avons la douleur de vous faire part de la mort de Son Altesse Sérénissime le duc de Miraflor y Grandes, marquis de Priola, comte de Zeste, de Galbe... On se réunira... »

Elle rêve un instant.

Son père n'est pas le duc de Miraflor, alors qui peut-il être? Pourquoi a-t-il sorti l'automobile du garage? Pourquoi se cache-t-il?

LA PETITE FILLE *entre.*

Mademoiselle Juliette, j'en ai trouvé des marguerites qui ont beaucoup de pétales.

JULIETTE

Comment, tu n'es pas encore couchée?

LA PETITE FILLE

Je vous cherchais des marguerites.

JULIETTE

Merci, tu es un amour.

Elle l'embrasse.

Tu comprends, ma petite vieille, son père est sans doute un aventurier, mais il m'aime, n'est-ce pas? Il m'aime sûrement?

LA PETITE FILLE

Oui, Mademoiselle Juliette.

JULIETTE

Qu'est-ce que tu veux que cela nous fasse alors qu'il soit aventurier ou même pis? A ma place, tu l'aimerais tout de même, n'est-ce pas? Mais pourquoi ses yeux sont-ils si durs lorsque je veux lui parler de lui? S'il veut me séduire, ce qui doit être assez bien pour lui puisque je suis très riche, il devrait être tout le temps aimable, au contraire... Crois-tu qu'il préfère Éva? Cela serait terrible...

LA PETITE FILLE

Je ne sais pas.

JULIETTE *l'embrasse encore.*

Bien sûr, tu ne sais pas. Viens. Je vais te reconduire chez ton père. Tu n'as pas peur, le soir?

LA PETITE FILLE

Non.

JULIETTE

C'est très bien, moi non plus. Tu sais, il ne faut pas avoir peur des voleurs...

Elles sortent.

RIDEAU

TROISIÈME TABLEAU

Même décor. Au lever du rideau la pièce est dans l'obscurité. Une ombre, c'est Gustave avec une lampe électrique. Il a des vêtements sombres, une casquette. Il examine silencieusement les objets du salon. Soudain il entend un bruit, il éteint sa lampe. Un petit sifflement. Deux ombres surgissent. Deux lampes s'allument, se croisent et fixent Gustave.

GUSTAVE

Qu'est-ce que c'est?

L'OMBRE

On vient pour le coup.

GUSTAVE

C'est Peterbono?

L'OMBRE

Non. Nous sommes les nouveaux.

LA DEUXIÈME OMBRE

Les nouveaux bandits.

GUSTAVE

Mais enfin, qu'est-ce que c'est?

Il sort un revolver.

Haut les mains!

DUPONT-DUFORT PÈRE, *car c'est lui.*

Ah! Ah! elle est bien bonne!... Où avez-vous trouvé ce revolver? Il est magnifique!

GUSTAVE

N'approchez pas ou je tire!

DUPONT-DUFORT PÈRE

Pas de résistance, vous êtes frit!

GUSTAVE

N'approchez pas, nom de Dieu!

Il tire.

DUPONT-DUFORT PÈRE *glousse,*
inconscient du danger.

Ah! Ah! Bravo!

GUSTAVE

Comment, bravo?

Il tire encore.

DUPONT-DUFORT FILS

Mais c'est formidablement bien imité! Où l'avez-vous acheté ce pétard?

GUSTAVE

Mais enfin, n'approchez pas!

Il tire à nouveau, une potiche tombe et se brise avec un fracas épouvantable.

DUPONT-DUFORT PÈRE, *sévère, à son fils.*

Didier, tu es toujours aussi maladroit!

DUPONT-DUFORT FILS *proteste dans l'ombre.*

Mais ce n'est pas moi, papa!

DUPONT-DUFORT PÈRE

Ce n'est pourtant pas moi, je suis au milieu de la pièce.

Tableau III   171

DUPONT-DUFORT FILS

Mais moi aussi, papa!

DUPONT-DUFORT PÈRE, *soudain inquiet.*

Mais alors qui a cassé ce vase?

LORD EDGARD *entre et allume la lumière,*
il est en habit avec un casque de policeman.

Attention! attention! vous faites beaucoup de bruit.
Comment trouvez-vous mon casque?

DUPONT-DUFORT PÈRE, *qui s'est fait*
ainsi que son fils une terrible tête d'apache.

Magnifique, mon cher lord!...

Lord Edgard est sorti. Il va à Gustave ahuri.

Par exemple, vous, vous n'êtes pas très bien réussi.
Un peu trop simple... Tout est dans les détails. Regardez... La petite balafre.

DUPONT-DUFORT FILS

Et le bandeau noir sur l'œil.

DUPONT-DUFORT PÈRE

Nous avons été ainsi avec des amis américains dans
les bals de la rue de Lappe. On ne nous a pas remarqués.

DUPONT-DUFORT FILS

Croyez-le, si vous le voulez!

GUSTAVE

Mais qu'allez-vous faire avec ces têtes?

DUPONT-DUFORT PÈRE

Aller au Casino.

DUPONT-DUFORT FILS

Oui! Au bal des voleurs! et vous aussi!

GUSTAVE

Ah? Oui, naturellement... moi aussi.

DUPONT-DUFORT PÈRE

Seulement, je vous conseille de vous refaire votre tête, mon petit ami. C'est beaucoup trop simple. Vous n'avez pas l'air d'un vrai voleur.

GUSTAVE

Vous avez raison. J'y vais tout de suite.

Il va sortir, il s'arrête.

Dites-moi. Tout le monde y va à ce bal des voleurs?

DUPONT-DUFORT PÈRE

Bien sûr, tout le monde!

GUSTAVE

C'est parfait. A tout à l'heure.

Il sort.

DUPONT-DUFORT PÈRE

Il n'a aucune imagination, ce garçon!

DUPONT-DUFORT FILS

Si les autres, comme c'est probable, se sont fait des têtes aussi ridicules, nos affaires sont en bonne voie. Il n'y a que nous qui serons remarqués!

DUPONT-DUFORT PÈRE

Tu as lu les derniers télégrammes?

DUPONT-DUFORT FILS

Oui.

DUPONT-DUFORT PÈRE

Si nous ne sortons pas d'argent de cette maison, c'est la Belgique. Sois séduisant.

DUPONT-DUFORT FILS

Tu vois bien que je fais ce que je peux.

DUPONT-DUFORT PÈRE

Je sais. Tu es un garçon travailleur et honnête; mais ne te relâche pas une minute. La réussite de ce soir

Tableau III   173

compte beaucoup pour nous. Et d'ailleurs il y a chez nos
rivaux une atmosphère louche dont un scandale ne peut
manquer de naître un jour. C'est visiblement lady Hurf
qui a fait taire le vieil idiot tout à l'heure lorsqu'il pré-
tendait que le duc de Miraflor était mort en 1904.
Ouvrons l'œil et soyons prêts à toute éventualité.

DUPONT-DUFORT FILS

Il faut nous débarrasser de ces gaillards. C'est une
question de vie ou de mort.

DUPONT-DUFORT PÈRE

Laissons-les s'enferrer et soyons de plus en plus
aimables. Attention, voici lady Hurf!

> *Entrent lady Hurf et Éva, en voleuses de cotillon.*

LADY HURF *aperçoit les Dupont-Dufort*
qui toussaient désespérément pour attirer l'attention.

Oh! Surprenants! Ils sont surprenants! Je ne m'attendais pas à cela de leur part. Éva, que penses-tu de nos
hôtes?

ÉVA

Comment avez-vous fait pour vous réussir de telles
têtes?

DUPONT-DUFORT PÈRE, *minaudant.*

Nous sommes bien contents.

DUPONT-DUFORT FILS

Que vous soyez contente.

LADY HURF

Ils ont toujours l'air d'attendre des pourboires.

ÉVA

C'est bien cela, d'ailleurs.

LADY HURF

Le duc et son fils tardent.

ÉVA

Je les ai appelés en passant. Ils disent qu'ils ne peuvent pas arriver à se mettre en voleurs.

LADY HURF, *sortant.*

Messieurs, montez les chercher, je vous en prie, et donnez-leur quelque bon conseil.

DUPONT-DUFORT PÈRE

Certainement. Certainement.

A son fils.

Soyons aimables...

DUPONT-DUFORT FILS

Soyons très aimables.

Ils sortent avec des courbettes. Juliette passe furtivement.

ÉVA

Tu n'es pas encore prête?

JULIETTE

Je vais me préparer.

ÉVA

Tu nous feras mettre en retard.

JULIETTE

Partez devant. J'arriverai seule, avec la petite voiture.

ÉVA, *soudain.*

Tu es amoureuse de ce garçon?

JULIETTE

Pourquoi me demandes-tu cela?

ÉVA

C'est vrai. Pourquoi demande-t-on aux gens s'ils sont amoureux puisque cela se voit toujours?

Tableau III 175

JULIETTE

Cela se voit?

ÉVA

Oui.

JULIETTE

Eh bien, tu te trompes. Je ne suis amoureuse de personne.

Elle va sortir. Éva la rappelle.

ÉVA

Juliette! Pourquoi me crois-tu ton ennemie?

JULIETTE *s'arrête.*

Tu es mon ennemie.

ÉVA

Non, je t'aime beaucoup. Assois-toi.

JULIETTE *marche sur elle soudain.*

Tu es amoureuse de lui, n'est-ce pas? Tu veux me le prendre et me parler avant pour que je n'aie pas trop de peine? D'ailleurs vous êtes peut-être même convenus de cela tous les deux? C'est cela, n'est-ce pas. C'est cela? Mais parle-donc! Pourquoi souris-tu ainsi?

ÉVA

Comme tu as de la chance d'être amoureuse à ce point!

JULIETTE

Tu es plus jolie que moi, je le sais, et tu prends tous les hommes que tu veux.

ÉVA

Ah! si je pouvais les vouloir...

JULIETTE

Tu ne le veux pas, lui?

ÉVA

Non, petite sotte.

JULIETTE

Tu ne lui as jamais parlé sans que je te voie?

ÉVA

Si j'en avais eu envie cela m'aurait été bien difficile. Il suffit qu'il s'approche de moi par accident pour que tu ne nous quittes pas des yeux.

JULIETTE

Je me méfie. Je l'aime vraiment, tu sais.

ÉVA

Petite chanceuse...

JULIETTE

Tu me jures que tu n'as jamais essayé de lui plaire?

ÉVA

Je te le jure.

JULIETTE

Même le jour où vous avez dansé deux danses de suite ensemble?

ÉVA

C'est l'orchestre qui avait repris le tango.

JULIETTE

Même le jour où vous êtes partis en canot pendant que les Dupont-Dufort voulaient m'apprendre à jouer au baccara?

ÉVA

Même ce jour-là. Il avait l'air tellement triste que je lui ai proposé tout de suite de revenir, mais nous ne t'avons pas retrouvée.

JULIETTE

Ce jour-là, cela m'étonne bien. Il n'avait pas les mêmes yeux le soir.

Tableau III 177

ÉVA

C'est parce qu'il m'avait demandé s'il te plaisait et que je lui avais répondu que tu étais une petite fille très fantasque dont on ne pouvait rien savoir.

JULIETTE

C'est pour cela?

Un petit temps.

Tu aurais pu lui répondre autre chose, tout de même.

ÉVA

Tu es contente maintenant?

JULIETTE

Tu n'as pas essayé de lui plaire même au début, même le premier jour.

ÉVA

Même le premier jour.

JULIETTE

Alors je suis contente.

ÉVA

Pourquoi n'as-tu jamais confiance en moi? J'ai l'impression que je suis une vieille auprès de toi.

JULIETTE

Tu es tellement mieux. Tu fais tellement plus femme.

ÉVA

Tu crois?

JULIETTE

Cela m'étonne tout de même ce que tu me dis. Avoue qu'il est pourtant plus séduisant qu'Hector par qui tu te laisses faire la cour...

ÉVA

Crois-tu que de te voir si amoureuse de lui cela n'aurait pas pu m'arrêter au seuil d'un simple flirt?

JULIETTE

Tu es chic!

ÉVA

Oh! non. J'aurais bien voulu avoir tant envie de lui que je t'aurais sacrifiée sans penser à toi une seconde.

JULIETTE

Quand tu manges tes perles, c'est que cela va mal

ÉVA

Cela va mal.

JULIETTE

Tu es pourtant très belle ce soir.. Tu auras tous les hommes du bal.

ÉVA

Tous.

JULIETTE

Je ne ris pas.

ÉVA

Moi non plus. Je les aurai tous, j'en suis sûre. Mais c'est très triste.

JULIETTE

Tu n'es pas heureuse?

ÉVA

Non.

JULIETTE

C'est facile, tu sais, pourtant. Il n'y a qu'à se laisser aller. On ne passe d'ailleurs pas une minute sans être malheureux, mais je crois bien que c'est cela être heureux.

ÉVA

Tu as toujours cru que j'étais la plus grande, la plus belle, la plus forte, parce que j'avais plus d'hommes

Tableau III 179

autour de moi. Mais tu vois bien qu'il n'y a que toi qui
es vivante ici. Il n'y a peut-être que toi à Vichy, que toi
au monde...

JULIETTE, *dressée, souriant à son rêve.*

Oh! oui, je suis vivante.

ÉVA

Et tu es toute intacte, toute prête à croire...

JULIETTE

A tout croire...

ÉVA

Tu n'as jamais eu comme moi un homme dans ton lit,
sans amour. Tu n'as même pas de perles à ton cou, pas
de bague à ton doigt. Je suis sûre que tu es toute nue
sous ta robe de toile blanche, et tu as vingt ans, et tu es
amoureuse.

*Juliette ne bouge pas, offerte à l'invisible avec un demi-
sourire.*

ÉVA *la regarde brusquement.*

Juliette, pourquoi n'es-tu pas en voleuse comme nous?

JULIETTE *éclate soudain de joie.*

Oh! Je suis trop heureuse! Je n'ai pas le courage de
rester près de toi qui es triste. Quand je serai un peu
moins heureuse, je penserai à toi, je te le jure.

Elle l'embrasse et se sauve.

Chut!

ÉVA

Quel mystère! Que veux-tu dire?

Lady Hurf entre avec les Dupont-Dufort.

LADY HURF

Nous allons faire une entrée magnifique.

DUPONT-DUFORT PÈRE

Ces Messieurs sont prêts.

LADY HURF

Sont-ils bien?

DUPONT-DUFORT PÈRE

C'est une affaire de goût.

DUPONT-DUFORT FILS

D'ailleurs les voici.

> *Peterbono et Hector entrent. Ils se sont fait des têtes de bandits d'opérette absolument ridicules. Tous éclatent de rire.*

HECTOR

Pourquoi rient-ils?

PETERBONO

Comment s'imaginent-ils les voleurs? Ils n'ont jamais été au théâtre?

LADY HURF

Mais en quoi êtes-vous, mon cher duc?

PETERBONO

En voleur.

HECTOR, *à Éva.*

Ce n'était pas ainsi, au moins?

ÉVA

Oh! non!

PETERBONO, *à lady Hurf.*

Vous ne nous aimez pas?

LADY HURF

Beaucoup!

PETERBONO

Avouez que nous ne sommes pas bien.

Tableau III 181

LADY HURF

Mon cher, on ne peut pas demander à des grands
d'Espagne de se réussir des têtes de voleurs.

PETERBONO

Bien dit. N'est-ce pas, Hector?

Énormes bourrades.

LADY HURF

En route. La voiture est prête. Où est lord Edgard?
Il ne peut pas s'arracher de la glace.

Elle appelle.

Edgard!

*Il apparaît, toujours en habit, avec son casque de poli-
ceman, mais il s'est rasé les moustaches.*

LORD EDGARD

Est-ce que vous croyez que j'ai bien fait de me raser
les moustaches?

LADY HURF, *sans même le regarder.*

Je ne sais pas! Allez, au bal! Au bal!

*La musique attaque aussitôt un quadrille très brillant,
que les voleurs dansent avec les ladies sans que les Dupont-
Dufort arrivent à y prendre part — puis une java extrêmement canaille que les Dupont-Dufort finissent en
désespoir de cause par danser ensemble avec beaucoup
de brio... Tous les personnages sortent en dansant.*

DUPONT-DUFORT PÈRE, *sortant le dernier
en dansant avec son fils.*

Nos affaires vont de mieux en mieux.

DUPONT-DUFORT FILS

Soyons spirituels en diable.

DUPONT-DUFORT PÈRE

Et redoublons d'amabilité.

*La scène reste vide un instant. Un domestique passe
et éteint le grand lustre. Il ferme les fenêtres. Un moment*

encore et Gustave paraît. Il écoute. On entend l'auto qui s'éloigne. Il fait le tour de la pièce en inspectant les objets un à un. Soudain il se plaque contre le mur...

JULIETTE *entre en costume de voyage.*

Me voilà.

GUSTAVE

Qu'est-ce que vous venez faire ici?

JULIETTE

Je viens.

GUSTAVE

Pourquoi n'êtes-vous pas avec les autres?

JULIETTE

Je viens vous retrouver.

GUSTAVE

Fichez le camp, allez!

JULIETTE

Pourquoi me parlez-vous durement?

GUSTAVE

Fichez le camp.

JULIETTE

Je vais partir, bien sûr, si vous ne me voulez pas. Je croyais que vous m'auriez voulue. Qu'avez-vous?

GUSTAVE

J'ai mal à la tête. Je veux rester ici.

JULIETTE

Pourquoi me racontez-vous cette histoire, à moi?

GUSTAVE

Je ne vous raconte pas d'histoire. Fichez le camp, ma petite. Allez, oust!

Tableau III 183

JULIETTE

Mais vous ne m'avez jamais parlé comme cela!

GUSTAVE

Il y a un commencement à tout.

JULIETTE

Qu'est-ce que je vous ai fait?

GUSTAVE

Rien de particulier. C'est trop compliqué à vous expliquer et, d'ailleurs, vous ne comprendriez peut-être pas.

JULIETTE

Mais, Monsieur Pedro...

GUSTAVE

Primo : il n'y a pas de Monsieur Pedro, je m'appelle Gustave; deuxièmement : je vous demande de sortir.

JULIETTE

Et moi qui croyais que vous m'aimiez...

GUSTAVE

On se trompe quelquefois.

JULIETTE

Mais vous me le disiez!

GUSTAVE

Je vous mentais.

JULIETTE

Oh! ce n'est pas vrai...

GUSTAVE *va à elle, décidé.*

Ma petite vieille, j'ai besoin que vous sortiez rapidement.

JULIETTE

Pourquoi?

GUSTAVE

Vous comprendrez tout à l'heure. Pour l'instant, montez dans votre chambre y pleurer vos illusions perdues.

Il la prend par les bras pour la reconduire à la porte.

Mais qu'est-ce que vous faites avec ce manteau ? En quoi êtes-vous déguisée ?

JULIETTE

En costume de voyage.

GUSTAVE

En costume de voyage ? Qu'est-ce qui vous prend ?

JULIETTE

Oh ! ne vous fâchez pas. Je venais vous rejoindre pour partir. Une fois vous m'aviez dit que nous partirions ensemble.

GUSTAVE

Oui. Mais je plaisantais. D'ailleurs, comment savez-vous que je dois partir ?

JULIETTE

Je le sais.

GUSTAVE

Vous avez l'air de savoir beaucoup de choses. Venez avec moi.

JULIETTE

Nous allons peut-être rencontrer un domestique dans le couloir.

Il la regarde.

Il vaut mieux ne pas bouger d'ici. Ici nous ne risquons rien.

GUSTAVE

Dupont-Dufort père et fils doivent vous attendre. Allez vous mettre en voleuse comme les autres.

Tableau III 185

JULIETTE

Les voleuses n'ont jamais de costumes de voyage?

GUSTAVE

Vous n'allez pas voyager. Vous allez au bal.

JULIETTE

Une fois qu'ils ont volé, les voleurs s'en vont généralement. Pourquoi ne voulez-vous pas que je m'en aille
avec vous, puisque vous allez partir?

GUSTAVE *lui saute dessus.*

Oh! vous, ma petite, vous en savez trop!

JULIETTE

Oh! ne me faites pas de mal!

GUSTAVE

N'ayez pas peur. Une simple mesure de précaution.

Il l'a ligotée sur sa chaise, il fouille dans son sac.

JULIETTE

Oh! ne me volez pas mon sac, il n'y a rien dedans.
D'ailleurs, je vous le donne.

GUSTAVE

Je vous remercie, je veux simplement un mouchoir.

JULIETTE

Pour quoi faire?

GUSTAVE

Pour vous bâillonner.

Il a trouvé son mouchoir qui est minuscule.

A-t-on idée d'avoir des mouchoirs aussi petits? Tant
pis, le mien est propre.

Il le jette.

JULIETTE

Oh! mais je ne vais pas crier! pas crier, je vous le jure...
Monsieur Pedro! Gustave, Gusta...

Il l'a bâillonnée.

GUSTAVE

Voilà, ma petite. Si tu te crois au bal des voleurs, tu te trompes; moi, je suis un vrai voleur. Hector et le duc de Miraflor également. Mais eux, en plus, ce sont des imbéciles. Tu t'es fait des illusions, voilà tout, et ta tante qui est une vieille piquée s'en est fait plus que tout autre. Moi, je suis là pour faire un coup et je vais le faire.

Elle s'agite.

Ça va... ça va... N'essayez pas de m'attendrir. J'en ai vu d'autres.

Il commence à garnir ses sacs des objets les plus invraisemblables qu'il trouve dans le salon. Au bout d'un moment il la regarde, il a un remords.

Cela ne vous serre pas trop?

Elle fait non de la tête.

Ça va. Vous êtes sage. Vous comprenez, ma petite vieille, je vous ai fait des roucoulades comme ça, mais au fond je n'en pense pas un mot. C'était pour mon coup.

Elle s'agite.

Cela vous embête... Oui, je sais, ce n'est pas très élégant. Que voulez-vous? Dans tous les métiers il y a comme cela une petite part qui n'est pas très élégante. A part cela, je suis honnête, moi, dans mon genre. Je fais mon métier simplement. Sans fioritures. Ce n'est pas comme Peterbono et Hector. Peterbono, c'est le duc de Miraflor. Il faut être propre dans sa partie, ou sans cela il n'y a plus de vie possible.

Il la regarde à la dérobée.

Cela ne vous serre pas?

Il lui sourit.

Cela m'ennuie un peu de vous avoir fait ce coup-là, parce qu'au fond j'ai menti tout à l'heure. Je vous aime bien.

Il se remet au travail.

Enfin, que voulez-vous? Quand le bon Dieu a inventé

Tableau III   187

les voleurs, il a bien fallu qu'il les prive de quelque
chose. Il leur a retiré l'estime des honnêtes gens. Au
fond, ce n'est pas terrible. Il aurait pu y avoir plus de
casse.

> *Il hausse les épaules, il ricane sans oser la regarder.*

Dans quelque temps, vous verrez, nous n'y penserons
même plus.

> *Il continue d'empiler des objets. Elle s'agite. Il la regarde.*

S'il y avait quelque chose qui vous plaisait ici, il faut
me le dire. Je vous le laisserais, en souvenir. Cela me
ferait plaisir de vous faire un petit cadeau, quoi!

> *Elle le regarde, il est gêné, il s'arrête...*

Oh! ne me regardez pas ainsi. Cela me fend le cœur.
Vous le voyez bien que je ne fais cela que parce que je ne
peux pas faire autrement. Alors? Laissez-moi faire mon
boulot tranquillement.

> *Elle remue.*

Vous êtes mal? Vous ne vous étouffez pas au moins?
Juliette, si vous me jurez de ne pas appeler, je m'en vais
vous retirer votre bâillon. Vous me jurez?

> *Elle fait oui.*

C'est bon, j'ai confiance en vous.

> *Il lui ôte son bâillon.*

Qu'est-ce que vous allez me dire maintenant, que je
suis un vrai voleur?

> *Il s'assied, résigné.*

JULIETTE, *sitôt délivrée.*

C'est idiot! C'est complètement idiot! Enlevez-moi
ces cordes.

GUSTAVE

Ah, ça non! Je suis un bon type, mais je suis sérieux
en affaires.

JULIETTE

Mais écoutez-moi au moins!

GUSTAVE

Qu'est-ce que vous voulez me dire?

JULIETTE

Si j'ai mon manteau de voyage, si je suis venue vous retrouver ici, ce n'est pas pour faire l'idiote ligotée sur une chaise. Je le sais bien que vous êtes un voleur. Si vous n'aviez pas été un vrai voleur, je n'aurais pas pensé que vous alliez partir au milieu de la nuit puisque vous êtes l'invité de ma tante.

GUSTAVE

Qu'est-ce qui vous prend?

JULIETTE

Je vous le répète depuis une heure, je vous aime! Je vous ai vu sortir une voiture du garage, je me doutais que vous étiez un vrai voleur et que c'est ce soir que vous feriez le coup. Comme j'ai pensé que vous partiriez une fois votre coup fait, je me suis habillée pour vous suivre. Vous n'avez pas l'intention de rester?

GUSTAVE

C'est une question qu'on ne pose pas aux voleurs.

JULIETTE

Alors, emmenez-moi puisque je vous le demande...

GUSTAVE

Mais je suis un voleur...

JULIETTE *crie, exaspérée.*

Mais je le sais que vous êtes un voleur! Vous ne faites

Tableau III   189

que répéter cela. Je me demande comment vous ne vous
faites pas remarquer. Allez, détachez-moi les mains.

GUSTAVE

Mais, Juliette...

JULIETTE

Détachez-moi les mains. Cela me fait horriblement
mal.

GUSTAVE

Vous me jurez de ne pas vous sauver pour avertir
votre tante?

JULIETTE

Bien sûr, je vous le jure. Ah! vous êtes idiot!

GUSTAVE

J'ai confiance en vous, mais je n'y comprends rien.

*Il lui détache les mains. Elle se remet immédiatement
de la poudre; puis se lève, décidée.*

JULIETTE

Nous avons perdu un quart d'heure. Dépêchez-vous.
Il ne s'agit pas d'être pris maintenant.
Vous en avez assez comme cela?

Elle montre ses sacs du pied.

GUSTAVE

Mais que faites-vous?

JULIETTE

Oh! vraiment, vous me feriez douter de votre présence
d'esprit. Il faut vous rabâcher les choses. Oui ou non,
est-ce que je vous plais?

GUSTAVE

Oh! oui... Mais.

JULIETTE

Bon. C'est l'essentiel. Maintenant, laissez-moi parler. Gustave, si vous me trouvez gentille, moi, je vous aime et je veux être votre femme. Oh! rassurez-vous... Si vous avez peur d'avoir des ennuis avec l'état civil, nous ne nous marierons pas vraiment! Voilà. Maintenant...

Elle prend un des sacs.

C'est tout ce qu'on emporte?

GUSTAVE *lui arrache le sac des mains.*

Non, Juliette! Vous ne savez pas ce que vous faites. Je ne veux pas. Vous ne pouvez pas me suivre. Qu'est-ce que vous feriez avec moi?

JULIETTE

Je vous aiderai. Je ferai le guet. Je sifflerai quand il viendra quelqu'un. Je sais très bien siffler. Tenez, écoutez.

Elle siffle terriblement fort.

GUSTAVE, *épouvanté.*

Chut! méfiez-vous!...

Un silence, ils écoutent.

JULIETTE, *humblement.*

Pardon... Je suis idiote. Emmenez-moi. Je sifflerai moins fort, je vous le jure, et seulement quand il faudra.

GUSTAVE

Juliette, c'est un caprice, vous vous moquez de moi, c'est mal.

Tableau III 191

JULIETTE

Oh! non. Ne croyez pas cela. Surtout pas cela! Je vous aime.

GUSTAVE

Mais vous savez à quelle vie vous vous exposez?

JULIETTE

Oui. Embrassez-moi.

GUSTAVE

Juliette, c'est fini votre tranquillité.

JULIETTE

Elle était en train de me tuer, ma tranquillité. Embrassez-moi.

GUSTAVE

Juliette, vous êtes heureuse ici tout de même. Vous ne savez pas ce que c'est de fuir et d'avoir peur. Vous êtes habituée au luxe.

JULIETTE

Mais nous sommes riches avec ce que nous emportons. Si cela vous ennuie tant que je sois traquée par la police, nous ne volerons plus.

GUSTAVE

Les voleurs ne sont pas des gens riches. Tout ce qu'on prend se revend très mal.

JULIETTE

Nous serons pauvres alors. Embrassez-moi.

GUSTAVE

J'ai honte, Juliette.

JULIETTE

Tu es un petit idiot, chéri. Embrasse-moi.

GUSTAVE

J'ai honte, Juliette, j'ai honte.

JULIETTE

Cela ne fait rien. Embrasse-moi.

Ils s'embrassent longtemps.

JULIETTE *sort de ses bras, radieuse.*

Je suis heureuse. Vite, vite, maintenant.

Elle s'arrête.

Oh! mais tu n'emportes pas les petits émaux? Tu es idiot, mon chéri, c'est ce qui a le plus de valeur.

Elle court les décrocher.

Et les petits Fragonards!...

Elle fouille dans le sac.

Laisse les candélabres, c'est du faux bronze... Tu vois comme tu avais besoin de moi. Je vais bien t'aider, tu verras. Embrasse-moi.

GUSTAVE

Ma petite voleuse.

Ils s'embrassent. Ils sortent.

RIDEAU

QUATRIÈME TABLEAU

C'est une heure plus tard, dans le jardin d'hiver.
La clarinette, qui vient de jouer le thème du bal, le reprend
d'une façon nostalgique... Les personnages rentrent à la
queue leu leu, tête basse, et s'assoient vexés et abattus.

LADY HURF

Évidemment, c'est ridicule.

HECTOR

Ils auraient tout de même pu nous laisser entrer.

LADY HURF

C'est ridicule. A-t-on idée aussi d'écrire le titre des
bals en caractères minuscules. Les Français ont la pas-
sion des économies!

LORD EDGARD

Ils nous ont renvoyés de la façon la plus pénible.

ÉVA

Que voulez-vous, mon oncle, ces gens-là organisent
un Bal des fleurs. Je comprends que nos accoutrements
les aient effrayés.

LADY HURF

Un Bal des Fleurs! C'est d'un niais! Un Bal des
Fleurs!...

DUPONT-DUFORT PÈRE

Ce qui m'étonne, c'est que vous ayez pu confondre Bal des Fleurs et Bal des Voleurs.

LADY HURF

Vous auriez dû les regarder, vous, mon cher, les affiches, si vous aviez si bonne vue!

DUPONT-DUFORT PÈRE

Mais, sacrebleu...

DUPONT-DUFORT FILS, *bas.*

Ne sois pas imprudent, papa.

LADY HURF

C'est d'ailleurs à cause de vos têtes que notre groupe n'a pas pu passer.

PETERBONO

Moi, je serais certainement entré. C'est étrange : ils avaient compris que j'étais en coquelicot.

LADY HURF

Naturellement! Nous pouvions tous passer. C'est à cause d'eux... Mais quel mauvais goût! Regardez-les donc! On dirait des apaches!

DUPONT-DUFORT PÈRE

Mais pour un Bal des Voleurs, il me semble...

LADY HURF

Des Fleurs! des Fleurs! Vous n'allez pas reparler de ce Bal des Voleurs toute la soirée!

DUPONT-DUFORT FILS

Ne t'excite pas, papa...

A lady Hurf.

Nous sommes navrés.

DUPONT-DUFORT PÈRE, *minable.*

Nous ne le ferons plus.

Tableau IV   195

LADY HURF

Il est bien temps!

LORD EDGARD

Nous pourrions peut-être tout de même passer la soirée ainsi, entre nous, pour ne pas perdre complètement notre effort?

LADY HURF

Vous êtes fou, Edgard. Montons nous déshabiller. Nous jouerons au bridge, une fois de plus.

Elle soupire, tout le monde l'imite.

LORD EDGARD

Alors, si c'était pour jouer au bridge... j'aurais préféré garder mes moustaches!

LADY HURF, *étourdiment.*

Moi aussi!

Elle passe. A Peterbono.

Mon cher duc, me pardonnerez-vous cette soirée perdue?

PETERBONO, *bourrade à Hector.*

Une soirée n'est jamais perdue.

LADY HURF

Une autre fois, je lirai mieux les affiches et nous irons entre gens de goût.

Elle sort avec Éva et lord Edgard.

PETERBONO, *en sortant d'un autre côté, à Hector.*

La bague. Les perles.

HECTOR

Portefeuille.

PETERBONO

Parfait.

Les Dupont-Dufort sont restés seuls.

DUPONT-DUFORT PÈRE

Cela va mal.

DUPONT-DUFORT FILS

Très mal.

DUPONT-DUFORT PÈRE

Ces gaillards-là sont ici dans le même but que nous, c'est évident, mais tout les favorise, et nous n'avons vraiment pas de chance.

DUPONT-DUFORT FILS, *devant une glace.*

Nous nous étions pourtant réussi de bien belles têtes.

DUPONT-DUFORT PÈRE

Pas pour un Bal des Fleurs.

DUPONT-DUFORT FILS

A-t-on idée d'organiser un Bal des Fleurs!

DUPONT-DUFORT PÈRE

A-t-on idée surtout de lire : Bal des Voleurs sur une affiche, alors qu'il y a écrit : Bal des Fleurs. Quelle vieille folle!

DUPONT-DUFORT FILS, *montrant le salon voisin par la baie ouverte, crie soudain.*

Papa!

DUPONT-DUFORT PÈRE

Qu'est-ce qu'il y a?

DUPONT-DUFORT FILS

Regarde le mur.

DUPONT-DUFORT PÈRE

Eh bien, le mur?

DUPONT-DUFORT FILS

Les Fragonards!

Tableau IV 197

DUPONT-DUFORT PÈRE

Tu penses bien qu'en un pareil moment je n'ai pas envie de m'extasier sur de la peinture.

DUPONT-DUFORT FILS

Papa! Les Fragonards ne sont plus sur le mur!

Il se précipite dans le salon.

DUPONT-DUFORT PÈRE

Eh bien?

DUPONT-DUFORT FILS, *du salon.*

Ni les émaux! On a pris les chandeliers de bronze, les tabatières; les tiroirs sont ouverts.

Il rentre.

Papa, on a cambriolé ici!

DUPONT-DUFORT PÈRE *se lève.*

Sortons. On va dire que c'est nous.

DUPONT-DUFORT FILS

Tu es fou? Nous étions au bal avec tous les autres. Papa, on a cambriolé!

DUPONT-DUFORT PÈRE, *qui a été voir.*

C'est évident, on a cambriolé. Mais pourquoi cette joie? Cela ne peut pas arranger nos affaires.

DUPONT-DUFORT FILS

Tu ne comprends donc pas que si l'on a cambriolé pendant que nous étions au Casino, les soupçons ne peuvent se porter que sur quelqu'un dont tout le monde a remarqué l'absence insolite? De qui tout le monde a-t-il remarqué l'absence?

DUPONT-DUFORT PÈRE

Le petit Pedro?

DUPONT-DUFORT FILS

Mais oui! Le petit Pedro!

DUPONT-DUFORT PÈRE

Dans ce cas pourtant, les autres devraient être complices?

DUPONT-DUFORT FILS

Ils sont complices. Ils sont venus avec nous, sans doute pour ne pas éveiller les soupçons, mais en ce moment ils sont partis, ou bien ils vont partir d'un moment à l'autre.

DUPONT-DUFORT PÈRE

Ah! Didier, tu es magnifique! Tu ranimes ton vieux père. Embrasse-moi. Enfin ils se dévoilent. Ils sont coulés, fiston, et nos affaires n'ont jamais été aussi bonnes.

DUPONT-DUFORT FILS

Il faut que cela soit définitif. Qu'ils ne puissent pas nier ni fuir. Téléphonons immédiatement au commissariat.

Il prend l'appareil.

Allô... Donnez-moi le commissariat de police, Mademoiselle, vite....

DUPONT-DUFORT PÈRE, *qui arpente
le salon voisin en hurlant.*

Les Fragonards! les émaux! les candélabres! les tabatières! Deux tiroirs forcés! C'est magnifique!

DUPONT-DUFORT FILS

Allô, le commissariat de police? Ici, la villa des Boyards. Un vol important vient d'être commis. Oui, les voleurs sont encore ici. Vous pourrez les prendre au piège. Vite. Très vite.

DUPONT-DUFORT PÈRE *rentre radieux.*

Dans mes bras, fiston!

Ils s'embrassent.

DUPONT-DUFORT FILS

Appelons tout le monde et confondons-les.

Il va à la porte.

Tableau IV   199

Holà! Quelqu'un!... Quelqu'un!... Holà!

DUPONT-DUFORT PÈRE

Holà! Holà!

LORD EDGARD *entre dégrimé*
comme le seront tous ceux qui vont revenir.

Qu'est-ce qu'il y a?

DUPONT-DUFORT FILS

Un vol vient d'être commis.

LORD EDGARD

De nos jours, c'est une chose qui n'étonne plus personne. Où cela?

DUPONT-DUFORT FILS

Mais ici...

LORD EDGARD

Ici?

DUPONT-DUFORT PÈRE, *très excité.*

Ici. Ici même, dans ce salon!

LORD EDGARD

Dans ce salon? Qu'a-t-on volé?

DUPONT-DUFORT PÈRE, *comme un camelot.*

Les Fragonards! les émaux! les chandeliers! les tabatières! les tiroirs! Entrez! Entrez!

LORD EDGARD *entre dans le salon*
et revient s'écrouler sur une chaise.

C'est horrible, je m'en doutais.

DUPONT-DUFORT PÈRE ET FILS, *ensemble.*

Nous aussi!

LORD EDGARD

Savez-vous qui c'est?

DUPONT-DUFORT PÈRE

Nous nous en doutons!

LORD EDGARD

Moi aussi.

Éva entre.

Ma petite fille, on vient de nous voler.

ÉVA

Comment cela?

DUPONT-DUFORT PÈRE *recommence.*

Les Fragonards! les émaux! les candélabres! les tabatières!

ÉVA

Je suis bien contente pour les candélabres, ils étaient
affreux. Mais cela m'ennuie pour les Fragonards.

HECTOR *entre triomphant avec une nouvelle tête.*

Éva, cette fois m'y voici!

ÉVA

Non.

LORD EDGARD *bondit sur lui.*

Enfin! C'est lui. Ah! mon cher détective, vous ne
pouvez pas vous figurer comme vous arrivez à point.
Un vol important vient d'être commis. Nous soupçon-
nons des imposteurs que nous hébergeons ici par un
étrange caprice de ma cousine. Vous allez immédiatement les arrêter, mon cher détective.

ÉVA

Mais que vous prend-il, mon oncle? C'est le prince
Hector. Enlevez donc cette barbe, Hector!

HECTOR *enlève sa barbe, modeste.*

Oui, c'est moi, mon cher Lord.

Tableau IV   201

LORD EDGARD, *soudain furieux.*

Est-ce que vous avez bientôt fini de vous moquer de moi, jeune homme?

HECTOR, *qui recule imperceptiblement vers la porte.*

Mais je ne me moque pas de vous, mon cher Lord...

LORD EDGARD

J'admets bien les plaisanteries quoiqu'elles ne soient pas d'un très bon goût avec un homme de mon âge. Mais il ne faut pas les renouveler trois fois par jour...

HECTOR

Mais je ne me moque pas de...

Il est près de la porte. Il se heurte aux Dupont-Dufort père et fils qui l'ont suivi.

DUPONT-DUFORT FILS

Non.

DUPONT-DUFORT PÈRE

Non. Vous ne vous moquez pas de lui. Restez donc. Tout va s'arranger.

HECTOR

Enfin, qu'est-ce à dire? On me soupçonne?

ÉVA

Messieurs, je vous prie de laisser le prince Hector!

HECTOR

N'est-ce pas, Éva? C'est insensé!

LADY HURF *entre avec Peterbono.*

Qu'avez-vous tous à crier, vous faites un bruit épouvantable?

PETERBONO

On ne s'entend positivement plus.

LORD EDGARD

C'est affreux! Un vol terrible! Je m'en doutais. Je vous

l'avais dit qu'il était mort en 1904 et que c'étaient des imposteurs.

DUPONT-DUFORT PÈRE, *en même temps.*

Les Fragonards! les émaux! les tabatières! les candélabres! les tiroirs!

LADY HURF

Je vous en prie, ne parlez pas tous ensemble. Je n'ai rien compris. D'abord, laissez-moi m'asseoir. Je suis fourbue.

> *Pendant les cris des deux autres et le silence qui suit, Hector fait des signes désespérés à Peterbono pour qu'ils se sauvent. Peterbono croit qu'il a sa manche relevée, une tache sur son revers, ou quelque chose accroché dans le dos. Il se brosse ; il se regarde dans les glaces, et ne comprend toujours pas. Finalement il renonce à chercher, avec un haussement d'épaules.*

LADY HURF *s'est assise.*

Allons. Contez-moi cela.

PETERBONO, *très engageant, s'assoit aussi.*

Excellente idée! Contez-nous cela!

LORD EDGARD, *très vite.*

Je vous l'avais bien dit qu'il était mort en...

DUPONT-DUFORT PÈRE, *avec lui.*

Tout! Tout! Tout! Tout!... Les Fragonards...

> *Ils s'arrêtent en même temps et se regardent.*

ÉVA

C'est un vol, ma tante.

LADY HURF

Un vol?

ÉVA

Oui. Pendant notre absence, on a emporté les petits émaux, les Fragonards et, je crois bien, les candélabres.

Tableau IV   203

LADY HURF

Tant mieux, c'était du faux bronze.

LORD EDGARD

Je l'avais dit! Je l'avais dit!

LADY HURF

Quelque domestique sans doute. Ils sont au complet?

ÉVA

Je ne sais pas.

DUPONT-DUFORT PÈRE

Il faut avertir la police.

LADY HURF

Non.

DUPONT-DUFORT PÈRE

Comment non?

LADY HURF

Je vous dis non, je ne veux pas de police chez moi.

DUPONT-DUFORT FILS

Mais nous avons déjà téléphoné, Milady.

LADY HURF

Enfin, Messieurs, quelles sont ces manières? Ne suis-je pas maîtresse ici? Je vous trouve singulièrement dépourvus de gêne depuis quelques jours.

DUPONT-DUFORT FILS

Pourtant nous vous...

DUPONT-DUFORT PÈRE

Vous nous...

LADY HURF

Éva. Téléphonez que personne ne vienne.

DUPONT-DUFORT PÈRE

C'est trop tard. Ils sont certainement en route.

Hector et Peterbono s'étaient dirigés doucement vers la porte. Quand lady Hurf avait interdit d'appeler la police, ils s'étaient arrêtés, espérant encore. A ces derniers mots, ils tentent brusquement de se sauver.

DUPONT-DUFORT PÈRE

Tenez. Les voilà qui fuient!

DUPONT-DUFORT FILS

Oh! c'est trop fort! Nous vous sauverons malgré vous. Haut les mains!

DUPONT-DUFORT PÈRE

Haut les mains!

Ils les menacent de leurs revolvers.

LADY HURF

Messieurs, je suis ici chez moi! Je vous somme de rentrer ces armes!

DUPONT-DUFORT FILS

Non!

DUPONT-DUFORT PÈRE

Non! Vous nous remercierez plus tard...

LADY HURF

Éva, je vais avoir une crise de nerfs! Appelle les domestiques. Émile! Quelqu'un, vite! Joseph! quelqu'un!

LES AGENTS *entrent sur ces cris.*

Nous voici! Sosthène, à toi le gros!

Ils ont vu ces deux horribles têtes de bandits qui menaçaient ces gentlemen de leurs armes. Ils n'ont pas hésité. Ils se précipitent sur les Dupont-Dufort.

LES AGENTS

Ah! mes lascars. Nous vous tenons!

Tableau IV 205

DUPONT-DUFORT PÈRE ET FILS, *qui reculent.*

Mais... Mais... Mais ce n'est pas nous... Pas nous!
Au contraire... C'est nous qui avons téléphoné. C'est
insensé! C'est eux!

> *Ils se heurtent en reculant, puis ils se heurtent en
> voulant fuir en avant au cours d'un petit ballet cocasse
> dont la dernière figure est leur capture par les agents.*

LES AGENTS, *qui les ont chargés sur leurs épaules
avec les gestes des acrobates de cirque.*

Et voilà!

A Hector.

Si vous voulez nous donner un coup de main pour
ouvrir la porte, Monsieur, ce n'est pas de refus!

HECTOR

Volontiers! Très volontiers!

> *Les agents emmènent les Dupont-Dufort, malgré
> leurs protestations déchirantes.*

LORD EDGARD, *affolé.*

Mais, chère amie...

LADY HURF, *sévère.*

Edgard, taisez-vous.

DUPONT-DUFORT PÈRE, *emporté, hurle en vain.*

Mais dites-leur quelque chose, voyons! Dites-leur
quelque chose...

DUPONT-DUFORT FILS, *passant près d'Éva.*

Mademoiselle Éva!...

> *Les Dupont-Dufort sont sortis, sur le dos des agents
> salués par leur petite ritournelle.*

LADY HURF, *tranquillement.*

Eh bien! je suis très contente. Voilà trois semaines
que ces gens-là étaient chez moi et je ne savais comment
m'en débarrasser.

LORD EDGARD, *vaincu par ces émotions*
est tombé à demi évanoui dans un fauteuil.

Et dire que je suis ici pour me soigner le foie!

LADY HURF

Éva, montez donc chercher des sels à votre oncle.

Elle sort. Lady Hurf regarde Peterbono, qui depuis
l'arrestation des autres s'étrangle, pris d'un fou rire
inextinguible.

Mon cher, ce n'est pas la peine de tant rire, je sais
parfaitement que c'est vous le vrai voleur.

Il s'arrête net. Elle fouille dans sa poche.

Rendez-moi mes perles. Vous n'êtes pas très fort.

PETERBONO

Mais comment cela se fait-il?

LADY HURF

Vous avez de grands bagages? Seront-ils longs à faire?

PETERBONO, *minable.*

Oh! non...

LADY HURF

Alors je vous conseille de monter vite là-haut.

PETERBONO

Oh! oui...

HECTOR *entre, superbe.*

Voilà, Milady, les coquins sont en de bonnes mains.

Peterbono tousse.

HECTOR

Vous n'êtes pas bien, mon cher père?

LADY HURF

Non. Il n'est pas très bien. Montez donc avec lui dans
vos chambres.

Tableau IV 207

HECTOR

Vraiment, mais d'où souffrez-vous?

LORD EDGARD, *qui est revenu à lui.*

Vous voyez bien que le duc de Miraflor était mort
en 1904!

LADY HURF

Je le savais depuis longtemps, mon cher.

HECTOR, *ne comprenant toujours pas les signes
de Peterbono, badin.*

Ha, ha, ha... C'est cette vieille plaisanterie!

LADY HURF

Le duc est mort entre mes bras, ou peu s'en faut.
Je savais donc parfaitement à qui nous avions affaire.
Seulement je m'ennuie tant, mon vieil Edgard!

HECTOR *se rapproche enfin de Peterbono.*

Mais enfin qu'est-ce que c'est?

PETERBONO

Imbécile, il y a une heure que j'essaie de te le dire,
nous sommes découverts, mais elle nous laisse partir.

HECTOR

Hein? Mais puisqu'on vient d'arrêter les autres?

LADY HURF *va à eux, souriante.*

Je ne pense pas, Messieurs, que vous vouliez attendre
la visite du commissaire.

HECTOR

Mais c'est inadmissible! De quoi nous accuse-t-on?
Nous avons été avec vous toute la soirée.

PETERBONO

Ne fais pas le malin. Viens donc!

HECTOR

Je ne vous comprends pas, mon cher père! Nous

sommes vos invités, Madame, et ce vol n'est pas une raison pour nous traiter ainsi, nous, des Miraflor y Grandes!

PETERBONO *ne peut s'empêcher de ricaner*
malgré le tragique de la situation.

Miraflor y Grandes! Ah! là! là! Tu es fou. Viens donc.

LADY HURF

Allez donc, Monsieur, puisque tout le monde vous le conseille!

HECTOR

Je n'admets pas ce ton!

A Peterbono.

Jouons beau jeu.

ÉVA *entre.*

Voici les sels.

HECTOR

Je n'admets pas ce ton! Parce que si vous jugez notre présence indésirable, je me ris — entendez-vous — de vos présomptions absolument erronées et injurieuses. Je sais quelqu'un qui ne dépend pas de vous et qui la trouvera désirable, ma présence! Éva, Éva, mon amour, j'ai enfin retrouvé ma tête!

Il se tourne et se fait rapidement la tête qu'il avait à la première scène.

PETERBONO

Hector, pas de fantaisie! Le commissaire va arriver.

HECTOR, *qui se grime.*

Laisse-moi. Nous sommes sauvés.

LADY HURF *s'assoit, abattue.*

Edgard, si cette enfant, qui est extrêmement volontaire, retombe amoureuse de lui, la situation est sans issue.

Tableau IV 209

LORD EDGARD

Je n'y comprends absolument rien. Que prépare-t-il ?
Une plaisanterie encore ? C'est un garçon qui en fait
beaucoup trop.

HECTOR *se retourne triomphant.*

Éva, mon amour ! Éva ! Était-ce bien ainsi ?

Un silence. Éva le regarde, tous retiennent leur respiration.

ÉVA, *tranquillement dans le silence.*

C'est vrai. C'était ainsi. Mais j'avais dû vous regarder
très vite... Maintenant vous ne me plaisez plus du tout.

LADY HURF *a bondi.*

Dieu soit loué ! A la porte ! A la porte !

HECTOR

Mais voyons, Éva... C'est inconcevable...

PETERBONO, *bas.*

Fais donc vite, idiot. Elle m'a repris le collier, mais
j'ai conservé la bague.

*Ils sortent, très dignes. Une petite musique allègre
salue leur départ.*

LADY HURF *les a regardés partir
avec un sourire attendri.*

Pauvre vieux ! Je lui ai laissé ma bague. En somme,
ils sont restés quinze jours ici à cause de moi. Et nous
n'avons pas le droit de leur faire perdre leur temps.
C'est un métier qui ne doit pas rapporter tant que cela.

LORD EDGARD

Ce que je ne comprends pas, c'est le rôle du petit.

Les deux femmes le regardent, soudain angoissées.

Le petit... Vous savez, le petit, qui était si gentil ?

ÉVA

Juliette ? Où est Juliette ?

LADY HURF

Juliette? Elle n'est pas venue au bal. Elle n'est pas dans sa chambre? Dans un salon d'en haut? Au jardin?

ÉVA

Je cours voir. Oh! c'est une supposition impossible.

LORD EDGARD

Quelle supposition, je ne comprends pas bien?

> *Lady Hurf est tombée assise sur le sofa, elle joue nerveusement avec ses perles.*

Pourquoi cet air tragique, puisque tout est fini maintenant?

LADY HURF

Mais, non, tout n'est pas fini, imbécile! Ce garçon a enlevé Juliette avec les tableaux du salon. Je vous l'avais bien dit d'être énergique et de prendre des précautions, qu'il nous arriverait un malheur!

ÉVA *revient.*

Elle n'est pas en haut. Les domestiques battent le jardin.

LADY HURF

C'est horrible.

LORD EDGARD

Juliette, notre petite Juliette serait volée?

ÉVA

Oui.

LORD EDGARD

Mais elle est grande! Elle aurait pu se défendre. Appeler. C'est rempli de domestiques ici.

LADY HURF

Vous ne comprenez donc pas qu'il l'a séduite? Il la fera voler ou faire le trottoir.

Tableau IV   211

LORD EDGARD, *qui ne comprend pas.*

Le trottoir?

Il comprend soudain.

Le trottoir!

Il s'écroule. La clarinette joue une musique qui croit être tragique. Un silence. Ils méditent tous trois doulou-reusement. La musique reprend son thème tragique en s'en moquant, puis passe bientôt au thème de la romance qui est tout à fait de mise en un pareil moment. En effet Gustave est entré doucement sur la pointe des pieds. Il a les bras chargés de tant de choses qu'il ne voit pas très bien où il va. Il porte Juliette endormie et les sacs. Il traverse le salon en musique et sans que les autres, contre toute évidence, le voient. Soudain il heurte un fauteuil. Les sacs tombent avec fracas. Les autres sursautent, les voient et poussent un cri.

LADY HURF

Il l'a tuée!

Trémolo à l'orchestre. Gustave prend peur. Il veut poser Juliette endormie sur un canapé, mais, au cri, elle a ouvert les yeux, elle s'est agrippée à lui.

JULIETTE

Non! Non! Non! Pourquoi m'avez-vous ramenée?... Non. Il ne faut pas qu'il parte ou bien je m'en vais avec lui!

LADY HURF

Juliette...

LORD EDGARD

Ma petite enfant...

JULIETTE *leur crie de toutes ses forces,
le visage couvert de larmes.*

Oui. Vous le méprisez, je sais, mais, moi, je l'aime. N'essayez pas de me parler, je veux partir avec lui parce que je l'aime. N'essayez pas de me dire quelque chose, je ne pourrais que vous détester. Gustave... Gustave... Pourquoi m'as-tu ramenée?

> *Il se débat. Il veut se sauver, elle le retient.*

Non, reste ou permets-moi de te suivre. Pourquoi m'as-tu ramenée, Gustave? Tu m'as trouvée trop bête, trop naïve? C'est parce que je me suis endormie à côté de toi dans l'automobile que tu ne me veux plus? C'est vrai, ordinairement on ne s'endort pas le soir de son aventure... Mais j'étais fatiguée, mon chéri, et j'ai l'habitude de me coucher tôt.

> *Elle s'est caché la tête contre lui.*

LORD EDGARD

Qu'est-ce qu'elle dit?

LADY HURF, *émue.*

Taisez-vous donc. C'est très joli ce qu'elle dit

> JULIETTE *s'est dégagée comme une petite furie*
> *et tournée vers eux, sans lâcher Gustave.*

Non, je n'ai pas honte! non, je n'ai pas honte!... Vous pouvez dire tout ce que vous voulez, je n'aurai jamais honte... Je l'aime, je veux qu'il soit mon amant, puisque vous n'accepterez jamais qu'il soit mon mari. Tenez, je vais l'embrasser devant vous.

> *Elle se jette à son cou. Il hésite d'abord, puis il la voit dépeignée, avec ses larmes et son rire, et lui aussi oublie les autres.*

GUSTAVE

Je vous aime, Juliette.

JULIETTE

Tu vois, nous nous embrassons devant eux.

> *Ils s'embrassent.*

LORD EDGARD, *qui a mis son lorgnon.*

Mais... Ils s'embrassent!

Tableau IV　　　213

LORD HURF

Eh bien! oui. Ils s'embrassent. Et après?... Cela ne vous est jamais arrivé?

Elle les contemple, ravie.

Ils sont charmants...

LORD EDGARD, *ému.*

C'est vrai. Vous vous souvenez, Émily?

LADY HURF

Ils font un couple délicieux.

LORD EDGARD, *tout à ses souvenirs.*

Délicieux! Vous vous souvenez... Le Crystal Palace?

LADY HURF

Tous deux la même taille. Il est ravissant. Regardez la race de ce profil. Cette timidité exquise et tout de même cette force. Il fera un mari rêvé pour notre terrible et douce petite Juliette...

Elle s'arrête.

Mais qu'est-ce que vous me racontez, Edgard? C'est un voleur.

LORD EDGARD, *souriant.*

Eh oui! Un voleur...

LADY HURF

Mais alors, c'est impossible! Nous avons perdu le sens. Il faut le mettre à la porte.

La musique s'est tue de saisissement.

LORD EDGARD, *navré.*

Oh!... Mais ils s'aiment...

LADY HURF

Je le sais qu'ils s'aiment, mais il le faut absolument. Il le faut. Elle ne peut épouser un garçon qui n'a ni père ni mère.

LORD EDGARD

Oh!...

> *On le voit chercher violemment. Soudain il crie.*

Attendez! Attendez!

> *Gustave et Juliette, surpris par son cri, s'arrêtent de s'embrasser. Il traverse la scène en courant comme un fou et sort.*

LADY HURF

Où va ton oncle, Éva?

JULIETTE

Je ne le quitterai jamais! Je ne le quitterai jamais! Je ne le quitterai jamais!

GUSTAVE, *qui la tient contre lui, en manière d'explication.*

Nous nous aimons.

> *La clarinette fait entendre une petite supplication.*

LADY HURF

Je m'en rends compte, mais que voulez-vous que j'y fasse? Vous êtes un garçon de rien — si ce n'est pis. Il va falloir partir.

> *La clarinette supplie encore.*

JULIETTE

S'il part, je partirai avec lui!

LADY HURF

Cette fois, nous t'en empêcherons.

> *La clarinette s'est faite déchirante pour implorer. Alors lady Hurf va au musicien, furieuse.*

Et d'abord, vous, mon ami, vous commencez à m'agacer. Fichez-moi le camp!

> *La clarinette essaie de protester.*

Fichez-moi le camp immédiatement!

> *Elle le chasse; le musicien s'en va, pathétique, en exprimant son désespoir sur son instrument.*

Tableau IV 215

LORD EDGARD *entre comme un bolide*
avec une photographie, des rubans, des médailles.

Il marche sur Gustave, menaçant.

Vous avez bien vingt ans, n'est-ce pas?

GUSTAVE

Oui.

LORD EDGARD

Bon.

Il regarde sa photographie, le regarde à plusieurs reprises, recule en clignant de l'œil, comme un peintre devant son tableau.

Levez la tête... Parfait. Ouvrez votre veste, votre chemise. Plus haut. Parfait. Maintenant le signe de l'oreille.

Il lui soulève l'oreille.

Bon!

Il lui présente une médaille.

Vous reconnaissez cette médaille?

GUSTAVE

Non.

LORD EDGARD *la jette.*

Cela ne fait rien. Vous êtes mon fils! Vous êtes mon fils qui m'a été volé en bas âge!

Il tombe dans ses bras.

LADY HURF

Mais Edgard, vous êtes fou?

GUSTAVE *se dégage, furieux.*

Lâchez-moi, Monsieur, je ne comprends pas ce que vous avez.

A Juliette.

Qu'est-ce qu'il a?

LORD EDGARD, *à lady Hurf.*

Nierez-vous qu'un fils naturel m'ait été volé en bas âge?

A Gustave.

Nierez-vous que vous n'êtes pas très certain de vos origines paternelles? Non. Non. Vous êtes mon fils, mon cher fils. Mon fils!

Il tombe à nouveau dans ses bras.

JULIETTE *saute de joie.*

Oh!... Comme c'est bien, comme c'est bien, Gustave!...

GUSTAVE, *se dégageant brusquement.*

Non! Cela ne prend pas.

LORD EDGARD

Qu'est-ce qui ne prend pas?

GUSTAVE

Je suis sûr, moi, que je ne suis pas votre fils.

LORD EDGARD

Ainsi j'aurai attendu vingt ans que cet enfant me soit rendu par le ciel et, lorsque le ciel enfin daigne me le rendre, c'est lui qui refuse de me reconnaître pour père?

GUSTAVE

Non. Tout cela, c'est des manigances parce que vous voyez que la petite est amoureuse de moi, mais je ne peux pas accepter.

LADY HURF

Il est honnête.

LORD EDGARD

C'est horrible! C'est horrible! Mon fils me renie!

Il trépigne.

Tableau IV   217

GUSTAVE

Non. Je ne peux pas accepter. C'est gentil ce que vous faites, c'est très gentil. Mais je ne peux pas. Je ne suis pas un type dans votre genre.

LADY HURF

C'est tout de même malheureux que ce garçon soit le seul d'entre nous qui ait le sens des castes.

LORD EDGARD

Je suis horriblement humilié de ce mépris de mon enfant. Je vais m'abîmer de douleur.

Il s'abîme en effet de douleur sur le fauteuil le plus proche.

Ça y est, je m'abîme. Allez-vous me laisser m'abîmer longtemps?

LADY HURF

Vous pouvez peut-être accepter, Monsieur, vous voyez que votre père souffre...

GUSTAVE

Mais non, voyons. Je n'ai aucune raison.

JULIETTE

Oh! que si... Venez avec moi dans le jardin comme avant. Je vais vous dire toutes les raisons que vous avez. Allons, venez. Venez tout de même... Cela ne vous engage à rien après tout de venir dans le jardin...

Elle l'a entraîné.

LADY HURF, *dès qu'ils sont sortis.*

Edgard, ce n'est pas vrai! Vous n'avez jamais eu de fils volé en bas âge.

LORD EDGARD

Non. Ce n'est pas vrai. C'était une photo découpée dans un magazine.

LADY HURF

Ainsi vous avez joué les imbéciles pendant cinquante ans et vous étiez capable de trouver cela tout seul!

ÉVA, *qui a assisté à toute la scène sans rien dire.*

Comme elle va être heureuse!

LADY HURF, *les regardant s'éloigner, rêveuse.*

Oui.

ÉVA

Et je m'en vais continuer à jouer mon rôle de charmante jeune femme qui a beaucoup de succès.

LADY HURF

Ma pauvre Éva! Que veux-tu? On n'apprend pas à croire. Elle est finie, notre belle aventure. Nous nous retrouvons tout seuls, comme des bouchons. Il n'y a que pour ceux qui l'ont jouée avec toute leur jeunesse que la comédie est réussie, et encore c'est parce qu'ils jouaient leur jeunesse, ce qui réussit toujours. Ils ne se sont même pas aperçus de la comédie!

. UN MONSIEUR A BARBE, *entrant.*

Je suis le détective de l'agence Scottyard.

LORD EDGARD *pousse un rugissement,*
lui saute dessus et lui tire la barbe.

Ah! non, Monsieur! Cela ne prend plus!

LE DÉTECTIVE

Arrêtez! vous êtes fou! Vous me faites mal!

LORD EDGARD, *très étonné.*

Comment, elle est à vous?

LE DÉTECTIVE

Mais bien sûr qu'elle est à moi!

LORD EDGARD

Vous êtes donc vraiment le détective que j'avais demandé à l'agence Scottyard?

LE DÉTECTIVE

Puisque je viens de vous le dire!

Tableau IV   **219**

LORD EDGARD

Alors on n'a plus besoin de vous : la pièce est finie.

LE DÉTECTIVE, *débonnaire.*

Dans ce cas...

Il tire sa clarinette de sa poche — car c'était aussi le musicien — et commence à jouer un petit pas redoublé qui sert de finale et que les personnages de la pièce, entrés par toutes les portes, dansent en échangeant leurs barbes.

LE VOYAGEUR SANS BAGAGE

Premier tableau   11

Deuxième tableau   34

Troisième tableau   42

Quatrième tableau   83

Cinquième tableau   85

LE BAL DES VOLEURS

Premier tableau   119

Deuxième tableau   145

Troisième tableau   167

Quatrième tableau   193

DU MÊME AUTEUR

Aux Éditions de la Table Ronde

L'ALOUETTE

ANTIGONE

ARDÈLE ou LA MARGUERITE.

BECKET ou L'HONNEUR DE DIEU.

CÉCILE ou L'ÉCOLE DES PÈRES

LA FOIRE D'EMPOIGNE.

LA GROTTE.

L'HURLUBERLU ou LE RÉACTIONNAIRE AMOUREUX

L'INVITATION AU CHÂTEAU

MÉDÉE.

FABLES.

ORNIFLE ou LE COURANT D'A.

PAUVRES BITOS ou LE DÎNER DE TÊTES.

LE RENDEZ-VOUS DE SENLIS.

LA VALSE DES TORÉADORS.

LE BOULANGER, LA BOULANGERE ET LE PETIT
    MITRON.

CHER ANTOINE ou L'AMOUR RATÉ

LES POISSONS ROUGES ou MON PÈRE, CE HÉROS

NE RÉVEILLEZ PAS MADAME.

LE DIRECTEUR DE L'OPÉRA

TU ÉTAIS SI GENTIL QUAND TU ÉTAIS PETIT

MONSIEUR BARNETT *suivi de* L ORCHESTRE.

L'ARRESTATION

LE SCÉNARIO.

LA CULOTTE

LA BELLE VIE *suivi de* ÉPISODE DE LA VIE D'UN AUTEUR

LE NOMBRIL.

PIÈCES BRILLANTES.

PIÈCES COSTUMÉES.

PIÈCES GRINÇANTES.

NOUVELLES PIÈCES GRINÇANTES

PIÈCES NOIRES.

NOUVELLES PIÈCES NOIRES

PIÈCES ROSES

PIÈCES BAROQUES.

PIÈCES SECRÈTES

Impression Bussière à Saint-Amand (Cher),
le 19 décembre 1986.
Dépôt légal : décembre 1986.
1ᵉʳ dépôt légal dans la collection : juin 1972.
Numéro d'imprimeur : 3412.

ISBN 2-07-036759-2./Imprimé en France.
Précédemment publié par les éditions de la Table Ronde
ISBN 2-7103-0127-X.

39630